AF143488

L'encre des maux
Tome 3
« Fin du moi, début du nous »

Valérie Battaglia

L'encre des maux
Tome 3
« Fin du moi, début du nous »

© 2023, Valérie Battaglia
ISBN : 978-2-3224-8489-8
Edition : BoD – Books on Demand, info@bod.fr
Impression : BoD – Books on Demand, In de
Tarpen 42, Norderstedt (Allemagne)
Impression à la demande
Dépôt légal : juin 2023

Beaucoup de choses sont de plus en plus claires pour moi. Je finis par comprendre que tout est juste. Tout ce que je vis n'est ni une épreuve ni une punition. C'est juste un moment, une préparation me permettant de réaliser tout mon potentiel. Me montrer aussi que dans certaines situations j'ai encore le choix.

Je sais où je veux aller et ce que je veux obtenir. Je garde l'objectif en vue.

Merci à Nous…

1. Le défi

Il est important de se séparer du chao à l'intérieur de nous car cela nous empêche de mettre de l'amour dans nos vies. Ce chao vient réveiller quelque chose de plus profond : notre insécurité. Et notre égo s'amuse à créer un bruit confus dans notre tête. Une espèce de brouhaha sur les attentes face à « ça devrait être comme ci ou comme ça et pas autrement ».

Résurgence d'anciens schémas.

Se libérer d'une routine récurrente.

Transformer.

Ne pas prendre de décision.

Pour l'instant, juste insuffler de l'amour. Sinon l'extérieur atteindra l'intérieur. Alors qu'en transformant l'intérieur, nous changeons l'extérieur.

Beau défi.

Prendre appui sur ce socle. Cela le renforce.

Et passer, dépasser ce chao.

Main dans la main.

Ensemble.

2. Notre responsabilité

Prendre conscience que chaque personne rencontrée exerce une influence sur nos vibrations. Comme un mimétisme. Restons vigilants quant à notre nourriture quotidienne.

Sommes-nous encouragés par ces personnes pour évoluer ? A nous d'évaluer ce qui est bon pour nous de ce qui ne l'est pas.

Cessons de nous laisser influencer par les énergies extérieures.

Notre force est que nous sommes capables de nous détourner de toute personne « nuisible ». Si nous sommes dans la mauvaise direction nous le saurons très vite. Loin de tout regret. De scandale. Juste se détourner.

Nous avons souvent fait passer les autres avant nous. Nous nous sommes inquiétés de ce que les autres pouvaient penser. Mettons cela de côté. N'accordons plus d'importance et d'affection si cela ne suit pas. Nous avons été suffisamment patients. Notre patience a aussi ses limites. Le point de non-retour. Nous valons mieux que ça !

Nous ne sommes pas des poissons rouges qui tournent en rond dans un bocal. Nous avons d'autres désirs, passions, aspirations. Alors, sautons du bocal dans l'océan…

Il est temps de passer à l'action et de tout mettre en place dans nos vies.

3. Du côté du bonheur

Un vœu est en train d'être exaucé.

Tout est arrivé de façon si surprenante !

Je me mets à distance. Aurais-je peur du bonheur ? Me mettre à distance est-il un effet d'auto-sabotage par peur de vivre ce rêve ? Ou cette distance m'évite-t-elle de tomber dans l'auto-sabotage ?

Quoi qu'il en soit, la distance me permet de revenir au calme intérieur, de me rapprocher de ce vœu et d'accepter la situation.

Je n'ai pas besoin de me protéger du bonheur car je ne crains rien. La vie ne me présente pas cette situation en vain. Je l'ai senti, ressenti, pressenti et j'y ai été préparée.

Ca suffit de rêver et de ne pas y aller qu'en cela se présente.

Je me recentre en mon cœur.

Je décide de le vivre.

4. A lui…

Je dépose ici ces quelques mots, car si j'attends plus longtemps avant de les lui dire, je vais continuer à m'égarer. Je me lance car je commence à être victime de mes émotions. Afin d'arrêter de me poser des questions, j'agis. J'affronte mes peurs. J'avance. Je sors de la fierté et de l'égo car je n'aime pas cela. Ce n'est vraiment pas marrant. Je tente de trouver un juste milieu, l'équilibre.

Je ne veux pas faire n'importe quoi. J'ai besoin de structure, de temps. Je ne veux pas me tromper. J'ai besoin d'être sure même si on ne l'est jamais. Avant de faire quoi que ce soit, j'ai besoin de savoir s'il est sincère, fiable.

Je ne cherche pas la perfection, elle n'existe pas.

Aujourd'hui, j'ai besoin de passer à l'étape suivante : le voir, le rencontrer, partager afin de l'apprendre, le découvrir. Savoir où je vais. S'il a besoin de prendre ton temps, je ne lui demanderai pas d'explications. Je ne chercherai pas de réponses. Je n'exige pas de lui ce que je n'aimerais pas que l'on exige de moi. Si la relation en vaut la joie, j'ai tout mon temps.

Voilà je t'ouvre mes pensées et surtout mon cœur. Prends-en soin…

5. Elle et Il

Elle est prête à faire un pas. Par sagesse, elle s'abstient. Les belles choses prennent du temps. Elle est occupée à apprendre, à fortifier ses connaissances. Elle est dans la lumière. Elle accepte tous les cadeaux de la vie. Elle dit oui. Elle a de nouvelles façons de faire, d'appréhender, de voir les choses. Elle a envie de croire au grand amour. Elle est dans la réceptivité : elle laisse les choses venir à elle. Elle met de la légèreté dans sa vie. Son cœur se régénère par le feu qui brûle en elle. Ce n'est pas un feu qui consume. Au contraire, elle a confiance en ses capacités, son pouvoir, ses vibrations et en ce qu'elle incarne. Elle avance avec douceur et prudence pour ne pas être blessée. Elle se sent pousser sur un chemin. Il y a des ombres. Elle y va quand même. Son cœur est pur.

Malgré toutes ses belles énergies, pourquoi n'a-t-il pas encore communiqué ? A-t-il peur ? Ne se sent-il pas à la hauteur ? A-t-il des choses à cacher ?

Elle ne veut plus s'encombrer de tout cela. Elle laisse l'Univers s'occuper d'elle et de lui. La vie est le plus grand des maîtres.

Il manque de courage pour exprimer ses émotions et venir lui parler. Il tente de trouver un stratagème pour le faire. Ca tarde. C'est une conversation qui doit avoir lieu. Il n'arrive pas à l'oublier. Il se sabote. Manque-t-il de confiance ?

Est-il dans un environnement peu propice ? Il se cache sous les apparences. A l'intérieur, il se sent seul et pauvre. Il veut s'en libérer. Que ne dévoile-t-il pas ? Plus le temps passe et plus c'est difficile de s'exprimer. Combien de temps va-t-il encore se contenir ?

6.   Restons confiants !

Parfois, ce que nous donnons dans l'amour est mal reçu et/ou mal utilisé.

Soyons certains d'une chose, même si parfois il n'est pas évident de garder la foi : tout ce que nous donnons nous est rendu. Oui c'est un concept très challengeant ! Surtout quand nous constatons le désastre de certains résultats. Il est vrai que lorsque nous sommes déçus, nous n'avons plus envie de donner.

Parfois, des personnes, des choses nous sont retirées de notre vie. Et nous ne comprenons pas pourquoi car de notre point de vue, nous n'avons rien fait. Et si c'était pour nous éviter le pire ?

Dans ces moments-là, restons alignés à ce qui nous porte : l'amour. Restons confiants sur tout l'amour en nous. Dans tout ce que nous faisons, restons dans nos plus hautes vibrations. Nous attirons ce que nous vibrons. Nous attirons ce que nous sommes ! Alors vibrons haut ! Et la vie va nous apporter des personnes, des situations à notre hauteur.

Parfois, il est mieux de ne pas chercher à savoir et de ne pas trop en dire. Si cela vient changer nos énergies, mettre des doutes, des inquiétudes qui n'ont pas lieu d'être, passons notre chemin. Nous avons tous des dépendances. Des choses sur lesquelles la vie va appuyer (blessures). Oui cela fait mal, oui ce n'est pas agréable. Il est préférable, par exemple, d'être rejeté d'un coup, que par petit bout (il part, il revient, elle part, elle revient…).

Si la vie nous retire quelqu'un ou si nos énergies sont rejetées, c'est que cette personne n'est pas prête à les recevoir. Cela ne veut pas dire que nous ne sommes pas « bons » ou pas « assez ». C'est la mise en lumière qui n'est pas agréable. C'est là pour être remplacé. C'est pour aller vers l'accomplissement.

Ne restreignons pas le donner et le recevoir.

Ce qui est important de garder en harmonie c'est notre lumière.

Ce que nous donnons nous est rendu d'une autre manière, par un autre chemin…

Maintenons ce que nous avons dans le cœur.

Il y a une place quelque part pour chacun d'entre nous.

Honorons l'amour que nous avons au plus profond de nous, maintenons nos valeurs, cessons de nous brader.

7. Uniques

Les énergies sont propices pour nous apporter tout ce dont nous avons besoin. C'est la loi de cause à effet. Selon nos valeurs, ce que nous sommes. Et des actions que nous posons. Des actions alignées avec nos principes, à ce qui nous nourrit, nous tient à cœur, nous fait vibrer. Laissons s'exprimer notre créativité. Oui cela peut prendre du temps. Quand le moment est venu tout se met en place. Et sur le long terme, c'est « payant ».

Faire confiance à nos ressentis et laisser derrière nous tout ce qui est toxique (environnement, façons de faire, relations). Si nous ne portons pas haut et fort nos valeurs, nous subissons celles d'autres. Cela peut même nous disperser, nous faire perdre du temps. Cessons de nous sur-adapter, de nous retenir. Changeons notre dynamique pour contrecarrer les choses afin que cela n'est plus d'influence sur nous. Oui cela va couper avec des situations et des personnes car nous devenons authentiques.

N'offrons plus notre richesse intérieure à n'importe qui ou pour n'importe quoi !

Nous sommes tous uniques.

Acceptons notre individualité.

Nos côtés atypiques.

Assumons ! Rayonnons !

8. Quand ça tangue !

Parfois nous nous laissons envahir sur le plan émotionnel. Cela nous déstabilise. Nous voyons la situation selon nos prismes. L'entendons-nous ce brouhaha dans notre tête ?

Il devient alors important de trouver un alignement, une paix intérieure, une sécurité. Ce qui va tout changer, c'est la façon dont nous allons gérer nos énergies : comment allons-nous vivre et traverser la situation et quelle influence cela va-t-il avoir sur ladite situation ?

Si nous trouvons un alignement entre accepter ce qui est, notre humanité (expérience) et notre spiritualité, nous réussirons l'alignement et donc retrouverons la paix.

Gardons en mémoire que l'on récolte ce que l'on s'aime. Loi de cause à effet. Dans l'agréable comme le désagréable.

Si nos intentions ont toujours été « bonnes », il y a toutes les raisons que, quel que soit la situation, ce soit « bon » pour nous. Avec le temps, tout est remis à sa juste place.

Alors, soit nous nous positionnons en victime soit nous choisissons un positionnement plus aligné.

Tout notre potentiel, que nous mettons en place chaque jour, nous permet d'avancer. Nous apprenons... et surtout ne lâchons rien. Nous avons tout pour réussir.

Alors face à la déstabilisation, posons un autre regard.

9. Self control

La situation s'aplanit.
De la discordance à la joie.
D'un conflit vers des opportunités.
D'une réaction émotionnelle à la prise de hauteur.
D'un échange stérile à une communication constructive.
Avant, je regardais le problème et je répondais au problème plutôt que de m'apporter un espace dans lequel je peux me positionner sur des ouvertures, des solutions et intégrer les émotions. Prendre du recul pour créer cet espace.
Dans un premier temps, solutionner et regarder le nœud du problème plus tard. Ne plus mettre de l'énergie sur le problème mais sur la solution.
Cela évite les réactions égotiques, les mots qui dépassent la pensée. Réagir à chaud n'est jamais d'une grande aide.
Ces échanges entraînent une évolution dans mon quotidien. Comme un virage à 180°.
Je vois plus loin que ce qu'il se passe dans l'instant.
Non je ne me moque pas de ce qu'il se passe. Non je ne m'en fous pas. Je prends juste du recul. Et l'égo ne se met plus en mode surprotecteur. Lui et moi n'avons plus besoin ni d'éviter ni de nous précipiter. Nous pouvons vivre les choses ensemble car nous trouvons des ouvertures. Et au fur et à mesure, l'ego intègre l'expérience. Et moi je le rassure.

10. La solitude

Ma dynamique de communication a changé. J'ai repris ma responsabilité sur le plan émotionnel. Je ne reproche plus à l'autre de ne pas remplir mes manques. Je ramène à moi le fait que je suis responsable de mon bonheur et je ne le fais plus porter à l'autre. Quand l'autre fait quelque chose cela ne m'atteint plus de manière directe (manque de respect, rejet, mal aimée…). Personne ne peut combler ce que je ne m'apporte pas. Et je laisse à l'autre la responsabilité de sa vie, de son bonheur.

Je fais bouger les lignes. Cela demande de la patience : le temps que chacun évolue de son côté. Ou que la vie m'accorde de nouvelles rencontres. C'est un temps de solitude. Ce n'est pas une punition… c'est le temps nécessaire pour la compréhension.

C'est ainsi que je fonctionne.

11. L'initiative

Le premier pas est fait…
Elle s'est lancée car elle le ressentait.
Elle crée ses propres opportunités.
Elle est dans la joie, le plaisir… elle se sent bien.
Tous les conflits, les blocages s'envolent. Elle s'est trop longtemps laissé manipuler par les autres et ses propres pensées.
Comme un nouveau départ.
Quelle belle et agréable énergie.
Elle saisit sa chance !

12. La récompense

Le destin lui montre que ce qu'elle pensait impossible est possible. Il va falloir trancher pour abattre ce mur et avancer avec plus de sérénité, de stabilité et conserver sa liberté.

Oui, elle peut être tranchante, foncer tête baissée, couper dans le vif, prendre des décisions en un claquement de doigt, prononcer des paroles dures, oser dire ce qu'elle ressent... Elle ne fait rien à moitié.

Même si son attitude peut paraître aux yeux des autres complétement folle. Même si parfois elle-même se trouve toute fofolle de réagir de la sorte, c'est ainsi qu'on l'aime.

Ce qui plaît et fait rêver les autres c'est son énergie, son dynamisme, la puissance qu'elle dégage, sa détermination, sa connaissance.

Aujourd'hui elle vit dans l'instant présent. C'est ainsi qu'elle se sent bien.

Elle ne peut plus être trompée. On ne peut plus la duper, lui mentir. Elle a l'expérience de la vie. Elle flaire les bonnes et les mauvaises choses. Elle ne tombe plus dans les pièges. Elle devine tout.

Elle monte dans son bulldozer et part défoncer le mur. Le cadeau est derrière.

13. C'est magnifique !

Il ressent que c'est la chance de sa vie : il se sent aimé et il aime en retour.

Il n'aurait jamais pensé que cela puisse être possible. Comme un retour de monnaie positif.

Comme une seconde chance... non... comme une chance tout court.

Il avançait dans sa vie mais avec dans un coin de sa tête, comme un goût d'inachevé. Il n'était pas très content de lui sur la façon dont les choses s'étaient terminées, la façon dont cela s'était passé. Cette idée d'une histoire pas tout à fait finie. C'est vrai qu'il n'avait pas pu/su exprimer son amour pleinement et son amour n'avait pas été reçu et échangé. C'était plus de l'ordre de la dépendance. Une relation un peu toxique, nocive. Et il le savait.

Aujourd'hui, c'est différent : c'est le donner et le recevoir de manière inconditionnelle. Quelle évolution ! C'est chamboulant ! Il se rend compte qu'il a dépassé beaucoup de choses. Il se rend compte qu'il était en manque de douceur, de communication, d'empathie... Était-il lui-même dans cette dynamique ?

Il a expérimenté la superficialité. C'est pour cette raison qu'il comprend la profondeur de ce qu'il est en train de vivre.

A présent, son vecteur est l'amour.

14. Transmuter la peur en courage

Il tire les choses au clair et fait du tri dans sa vie.

Il y a des situations dans lesquelles il ne veut plus s'investir. Il n'en veut plus. Il s'en libère. Il a besoin à présent de simplifier sa vie. Il est temps de se prioriser. Trop de choses à penser. Pourquoi se prend-il autant la tête ? Pourquoi est-ce difficile ? Il souffre beaucoup plus dans son imagination que dans sa réalité. Ce n'est pas la situation elle-même qui le fait souffrir, c'est l'opinion qu'il en a. Il a envie de démarrer quelque chose de nouveau, d'insuffler une nouvelle vie à sa vie. Que doit-il détruire ? A quoi doit-il dire stop ? Qu'est-ce qui est important pour lui ?

Ca le bouscule et l'oblige à changer, à évoluer. Il sait que c'est pour son bien-être sur du long terme. Il se détache de ses émotions pour rationaliser et voir la situation de manière concrète. Que peut-il faire avec ce qu'il a maintenant ? Il impose des limites saines.

Il laisse aller ce qui s'en va.

Des informations lui échappent. Est-ce important de le savoir maintenant ? Il sait que les choses vont venir petit à petit. Aller dans la direction qui l'anime. Et au fur et à mesure, les réponses lui seront apportées.

Sortir de sa prison dorée qui lui offrait une stabilité tronquée.

Il sait que la liberté l'attend.

Il est temps d'arrêter d'accepter l'autorité externe et de devenir sa propre autorité.

15. La main aux fesses, le Vélux et autres contrariétés !!

Je revis pour la énième fois une situation dans laquelle je ressens de l'injustice. C'est déstabilisant. Je ne m'y attendais pas. Comme un goût de déjà-vu. Un examen de la vie ? Serait-ce une fatalité ? Il est important de choisir la manière de réagir. Vais-je continuer à accepter des choses injustes pour moi ?

La victoire ne sera pas sur la situation mais pour et surtout avec moi-même : est-ce que je décide de transformer ou de me laisser envahir ?

Surtout mettre un terme à tout cela. La souffrance est arrivée à son apogée.

Je me surprends à réagir de manière différente car cela ne peut plus durer ainsi. J'ai assez vécu de situations qui m'ont amenée pas à pas à me positionner d'une autre manière. J'ai la force et la conscience de cet apprentissage.

Comment est-ce que je souhaite que mon quotidien se déroule ? Comme une fatalité ? Ou comme une spirale ascendante ? Être moins dans le « je subis » mais plus dans « je reprends le dessus parce que cela suffit ».

Cela m'apporte des réponses à des questions que je me posais depuis bien longtemps. J'ai fait avec mais je n'en étais pas très heureuse. Je peux décider à chaque instant que ce soit différent.

Au départ, sortir de la réaction émotionnelle habituelle : fuite ou ne pas y répondre ou y

répondre de façon immédiate en m'emportant…
Donc ne pas réagir et vivre ce que j'ai à vivre sur
le plan émotionnel (ce que je ressens sur le
moment). Puis quand la vague émotionnelle est
passée, regarder la situation en face et me dire :
« J'accepte la situation ». C'est-à-dire
intérieurement je n'essaie pas de la contrôler
pour l'amener là où je veux ou pour essayer de
l'adoucir ou juste de la faire passer. Accepter la
situation c'est la regarder telle qu'elle est. Se
demander : « Qu'ai-je à en apprendre ? Quel(s)
choix personnel(s) vais-je faire pour m'amener au
mieux à ce que je désire ? Quelle position puis-je
prendre pour évoluer indépendamment de la
situation et de ce qu'elle est ? »
Et là j'entre dans la spirale ascendante.
Et là je prends de la hauteur.
Et là un autre chemin se dessine.
Et là j'obtiens la victoire avec moi-même.
La victoire est sur le fait d'aller chercher des
réponses en prenant des décisions différentes et
non à questionner là où ça fait mal.
Le temps a fait son œuvre.
Je reste fidèle à moi-même.
Je retrouve ma stabilité.
C'est un acte fort.

16. L'impuissance

Il y a certaines vérités dans la vie qui ne sont pas des plus agréables ou quand des énergies tierces ne sont pas des plus bienveillantes.

Je n'ai rien vu venir car je ne pensais pas que cela pouvait se matérialiser de la sorte.

Comme un besoin de prendre du recul pour avoir une vue d'ensemble car quelque chose m'échappe. Comme un détail que je n'ai pas compris.

Je suis ouverte à accueillir la situation comme elle est. Je préfère cette ouverture afin de voir les choses dans leur vérité et leur entièreté afin de m'y confronter directement. Je suis prête à vivre l'expérience.

Tout ceci ne m'est pas montrée par hasard. Et mes ressentis n'en sont pas le fruit non plus. Il y a une bonne raison à tout cela. Je vais chercher le pourquoi du comment. J'ai besoin de comprendre.

Pour l'instant, c'est distordant. Qu'est-ce que cela vient me montrer ?

La réalité des personnes n'est pas toujours belle à voir. Cela fait partie de la vie. Je les accepte et je prends les décisions par rapport à la réalité que l'on me montre. Aussi dur que cela puisse être.

Je suis en train de conscientiser quelque chose que je n'avais pas vu. Cela ne m'était pas montré et que je n'étais pas prête. Je vois maintenant la situation dans son ensemble. Les détails aussi.

Il y a la réalité (ce que je vis, ce que l'on me montre), l'état de conscience de l'autre (son intention) et le résultat. Face à tout cela, qu'est-ce que je fais ? Quel est mon état de conscience ? Et qu'est-ce que cela donne pour moi dans mon positionnement ?

La déstabilisation me permet de remettre chacun à sa place : Est-ce que j'excuse ? Est-ce que j'accepte ? Est-ce que je comprends ? Est-ce que je garde ceci ou cela dans ma vie ? Est-ce que je le refuse ? Etc...

Le choix porte mes intérêts (valeurs, principes, intentions...).

La solution est dans le choix.

L'impuissance de l'autre qu'elle soit physique, mentale, émotionnelle me ramène non pas à ma propre impuissance. Elle me montre que j'oublie (trop souvent ?) à quel point je suis puissante.

Merci à toi pour ce rappel. Gratitude.

17. Vivre l'instant présent

Inutile de s'accrocher.

Si cela doit se faire, cela se fera et l'inverse est vrai aussi.

Parfois elle rencontre des blocages ou elle a l'impression de tourner en rond (elle a essayé de tourner en carré mais c'était plus compliqué ☺). Elle décide alors de ne pas s'accrocher que ce soit à une situation ou une personne qui n'est pas faite pour elle.

Prendre une autre direction. Ne pas se projeter sur l'avenir. Ne même pas y penser. En vivant l'instant présent, elle vit de manière pleine et entière. Et elle évite de se prendre la tête à réfléchir, à penser à ce qui pourrait être ou pas. Non non non…

Comme le disait un ami : « Si c'est juste pour toi, c'est que c'est juste. Si c'est injuste pour toi, c'est que c'est injuste ».

Elle est consciente d'être une belle personne. Elle ose se lancer, s'investir dans ce qu'elle aime. Elle partage ses valeurs. Le reste, elle le laisse de côté : les doutes, le manque de confiance, les peurs…

Elle a le courage et la volonté d'aller de l'avant et de se montrer telle qu'elle est avec ses forces, ses convictions, ses envies, ses croyances… et rien ni personne ne l'arrêtera sur son chemin.

18. Et si…

Et si nous nous offrions le choix de prendre une direction qui nous correspond mieux ?

Et si nous revenions à soi pour soi ?

Et si nous arrêtions de nous auto-flageller et de nous restreindre ?

Et si nous cessions de craindre les accusations et les reproches ?

Et si nous nous permettions de voir et de nous projeter plus loin ?

Que voulons-nous incarner ?

Si nous restons dans des situations du passé, nous tournons en rond. Comment se positionner pour évoluer ?

Nous avons toutes les cartes en main. Restons confiants. Inutile de nous référer à la personne que nous étions hier. Nous accouchons de notre nouvelle version. Il est important de rester centrer sur ce que nous voulons dans notre vie. Continuons de rêver afin que nos rêves soient notre boussole. Tout à un sens. Tant que nous gardons notre objectif à long terme, chaque pas, chaque évolution, chaque choix va nous mener à notre objectif. Oui certaines situations vont venir nous percuter afin que nous nous écoutons. Notre sagesse fera le pont et l'équilibre. Il est temps de sortir de notre enfer… me… ment.

Et si nous faisions taire notre mental qui nous serine que nous sommes en danger ! Chuuuuuuuuuuuut !

Ecoutons ce que notre cœur a à nous dire.

19. La réunion

Il y a une grande prise de hauteur, de distance sur ce que les autres me disent. D'une part, pour rester la plus objective possible afin de regarder la situation dans son ensemble et d'autre part, afin de distinguer les paroles et les actes. Car même si mon intuition me dit de manière quasi instantanée si l'autre va acter ou non, j'observe quand même la cohérence entre le discours et l'action. Et ainsi j'apprends beaucoup de l'autre ! Et pour ceux qui ne sont pas cohérents entre les mots et les actes, eh bien, je passe mon chemin.

Je ne me laisse plus duper. Et cela n'a plus d'influence sur ce que je suis.

Je suis droite dans mes bottes, alignée : quand j'engage ma parole, je pose les actes.

Je me rends compte de l'équilibre intérieur entre l'émotionnel et l'action. Cela me permet d'expérimenter dans la matière la réunion entre ma féminité sacrée et mon masculin sacré.

Je suis ma réalité et j'agis en tant que tel.

20. Le savoir-faire

Elle obtient un résultat par rapport à un dur labeur qu'elle a fourni. Un mérite. Une réparation. Ce résultat la met en joie. Elle ne s'est pas auto-sabotée ; elle n'a pas opté pour des chemins plus faciles, plus rapides, plus simples... Elle aurait pu mais il aurait fallu qu'elle mette ses valeurs, ses principes de côté. Elle a maintenu sa ligne de conduite, une constance. Sans jamais se trahir. Bien au contraire.

Elle est arrivée au bout du bout. Elle a bossé sur elle. Ce fut de longue haleine.

Elle a beaucoup appris. Elle est arrivée au sommet. Sa vision est panoramique. Sa conscience s'est élevée. Elle a gagné en sagesse et en maturité.

La manière dont cela revient : un résultat abouti, mature. C'est amplement mérité et elle le vit de cette façon.

Cela crée une spirale ascendante. Cela donne un nouvel élan dans tous les domaines de sa vie.

Elle reconnait son savoir, ses connaissances, son expertise.

Continuer à se faire confiance.

Et surtout, surtout partager, rayonner.

Être elle, enfin...

21. L'acceptation ou la contrainte

La fin ne justifie pas toujours les moyens : une action n'amène pas toujours au résultat attendu.
Il garde à l'esprit qu'il est sur son chemin d'évolution.
Il a pris une décision. Le choix est posé. Et même si le résultat ne lui convient pas à 100 %, tout ce qu'il a fait est suffisamment bien. Il n'est donc plus l'heure de se demander : « Ai-je bien fait ? »
S'il passe son temps à regarder le chapitre précédent, à se dire qu'il aurait pu faire de manière différente, il passe à côté de ses acquis.
S'il veut des changements, il est nécessaire d'avancer. Et surtout de s'accepter dans ces situations et prendre le recul nécessaire.
C'est sa réalité. Rien ne peut être différent. Il ne peut transformer le passé. S'il le ressasse en permanence, il l'entraine avec lui dans son présent et son futur. Mais le passé n'est plus et le futur pas encore. Sa seule possibilité est l'instant présent.
Au moment où il a pris ces décisions (dans le passé) il n'avait pas l'expérience qu'il a aujourd'hui. D'où l'importance de faire évoluer son regard et se dire qu'il était assez à ce moment-là et qu'il n'aurait pas pu mieux faire (pour faire mieux, il faut accepter qu'il fasse toujours de son mieux). Depuis il a acquis de l'expérience. S'il change son regard depuis ce moment-là alors il n'attend plus rien de cette situation. Et il ne reste pas bloqué dans ce passé.

S'il reste bloqué, que n'a-t-il pas envie de voir ? Que n'a-t-il pas dépassé ? A-t-il peur qu'en changeant le regard sur la situation ou sur lui, il se dirige vers une profonde transformation ?

Plus il nie, plus il recule l'échéance de voir la réalité en face et plus la vie va lui resservir la même soupe encore et encore jusqu'au moment où elle l'obligera à prendre ses responsabilités.

Il a 2 solutions : soit il le fait par lui-même soit la vie va le contraindre. Et il n'aura plus le choix.

Le mieux est la coopération : accepter les choses comme elles sont pour qu'elles puissent être transformées. Et accepter que le cycle se termine pour un nouveau départ.

Le plus important dans ce processus est le « faire en conscience » : il est libre de faire comme il l'entend. Les énergies sont à sa disposition. En ce sens, où tout est « choix ». C'est à lui de décider comment, avec qui, à quel niveau de conscience et quand. Toutes les conséquences résultent de ses choix. Il a envie de vivre dans la difficulté ? Cela le regarde. Il veut vivre en ermite ? Cela le regarde. Il veut être indifférent à tout ce qu'il se passe ? Cela le regarde.

Rien n'est ni bon ni mauvais. Ce n'est pas le sujet. Juste prendre conscience de la façon dont cela résonne pour lui.

Vivre selon ses désirs.

22. Quand la fatalité s'en mêle !

J'étais pleine de belles intentions. Il n'y avait aucune raison à ce qu'il s'est passé. Et cette situation vient me trahir. Cette trahison met un terme à une relation. Qu'ai-je fait pour en arriver là ? Je cherche à comprendre. Il n'y a rien à comprendre... Je laisse faire. Ce que récolte cette personne n'a rien à voir avec moi. C'est uniquement elle. C'est sa loi de cause à effet (son karma).

La victoire que j'obtiens c'est que l'Univers a œuvré à ma place. C'est-à-dire, que pour la suite de mon chemin, cette personne n'a plus lieu d'être dans ma vie. Je n'avais pu voir, jusqu'à présent, ses vraies couleurs. Par naïveté ? Par excès de confiance ? A travers cette trahison, la vie me retire une personne pour du mieux. Sur le coup cela ne m'a pas fait plaisir car je n'avais rien demandé ! L'Univers sait ce qu'il y a de bon pour moi. Il voit bien plus loin que moi. La Vie me dit : « Ce que tu donnes, ce que tu es, n'est pas reconnu à sa juste valeur. Tu vas passer ton temps à recevoir de la trahison. Donc je le fais une bonne fois pour toute pour que ça vire de ta vie. Ainsi, ce que tu donnes, tu le donneras à d'autres personnes et ce sera valorisé ».

Même si ce n'est pas agréable, il y a un grand apprentissage : rien n'arrive par hasard. Après la période de déception, je sais que je vais transcender et apprendre des choses sur moi : être plus vigilante, poser plus de limites...

Ce point de départ me permet de sortir du labyrinthe.

Je fais confiance à ce qui est.

Je reste confiante et continue de semer de belles intentions.

Je maintiens ma lumière pour garder l'essence de ce que je suis.

23. La mariée est très belle !

Soyons prêts… c'est le top départ !

Et non, ce n'est pas trop beau pour être vrai. Il est grand temps d'y croire, d'avoir la foi. Acceptons que les choses se débloquent. Cela va s'enchaîner. S'accélérer. Soyons bien présents et bien ancrés. Parfois tout nous a semblé si long. Et parfois aussi les résultats tant attendus n'étaient pas au rendez-vous… mais là… waouh !

Arrêtons de nous poser 10 000 questions : « Et pourquoi ceci ? Et pourquoi cela ? » Ne laissons ni le passé, ni le mental nous retenir. Si c'est ce que nous voulons, si c'est ce que nous avons tant espéré, cessons de tergiverser ! Maintenons le cap sur nos choix.

Nous savons ce que nous ne voulons plus. Ce serait dommage de faire un retour arrière. Mettons notre mental au repos, vivons l'instant présent, accueillons. Nous avons les capacités pour vivre cette vie dont nous avons tant rêvé. Notre force est d'avoir déjà choisi. D'avoir misé sur ce que nous voulons. Alors maintenant que faire quand cela se concrétise ? Eh bien, croyons-y ! Accueillons ! Acceptons de vivre les déblocages qui vont dans ce sens !

Nous avons traversé tant d'expériences. Nous avons cru en des choses différentes, en des lendemains meilleurs, des situations qui se transforment. Et qui n'ont rien à voir avec le passé. Sinon nous retournons dans nos vieux schémas. Dans cette boucle incessante : « J'ai

encore à introspecter… j'ai encore à développer ceci, cela… je ne suis pas encore assez prêt(e)… et bla bla bla et bla bla bla et nanani et nanana » STOOOOOOOOOOOOOOOOOOOOOOOOOOOOP !
Nous ne serons jamais suffisamment prêts.
Le passé, c'est TER-MI-NE !
La clef nous l'avons trouvé en nous. Nous en avons déterminé le matériau, la forme, la couleur… Nous avons trouvé nos solutions. Alors incarnons cette clef ! Utilisons-la à bon escient ! Prenons cette clef et ouvrons les portes qui nous sont nécessaires. Nos intentions ont infusé en nous. Nous les matérialisons à présent.
Le soleil brille pour tout le monde.
Il brille encore plus si on l'apprécie : c'est ça la GRATITUDE !

24. La manipulation inconsciente

Elle en a très envie. Beaucoup d'attraction… mais quelque chose la retient. Elle se rend compte que c'est de l'auto-sabotage. Ca la chamboule sur le plan émotionnel. Cela vient jouer sur ses valeurs. Comme c'est une situation qui revient, elle se dit que c'est pour conscientiser quelque chose et effectuer le changement.

Elle ouvre les yeux. C'est arrivé à un point où elle ne peut plus se le cacher. Son corps et son âme sont à l'écoute. Elle prend conscience d'une dynamique qui est de l'ordre de la manipulation inconsciente. Elle se rend compte qu'elle est esclave de ses émotions : dès qu'elle aime, elle n'ose pas être qui elle est dans sa plénitude par peur de perdre. Et le temps passe. La réalité s'impose.

Comme pour maintenir cet amour elle a opté pour un certain comportement, au fil du temps, elle devient esclave de ses émotions. Quelle révélation du piège dans lequel elle est où elle porte des masques par peur de perdre !

Que va-t-elle en faire ? Il est temps de prendre une décision qui va être l'élément propulseur : dire enfin tout ce qu'elle ressent, avoir suffisamment confiance dans l'amour partagé, être honnête…

25. Un

Une situation est tranchée. Et ce qu'il se passe active sa clairvoyance. Il y voit une opportunité. Une manière de faire différente. Cette révélation lui montre le côté intuitif de ses choix. Il en constate l'utilité dans ses décisions. Et cela devient une source motrice. Il accepte que la part irrationnelle de ses décisions fasse partie de l'entièreté de ses choix. Avant il y avait d'un côté la logique, le concret et, de l'autre, ce qu'il ressentait. Il a trouvé le terrain d'entente pour que ces deux côtés fassent partie de sa vie de manière équilibrée. Il ne fait qu'un. Jusqu'à présent, il avait toujours l'impression qu'il lui manquait une part. C'était cette part subtile qu'il avait de la difficulté à intégrer à ses choix.

Il récolte. Il ne le doit qu'à lui et lui seul.

La moisson indique qu'un nouveau cycle commence. Il le démarre enrichi des fruits de ses efforts. Il part pour la suite en suivant son inspiration. Intuition et logique, main dans la main. Il sait qu'il n'y aura pas de mauvaise voie. Car peu importe la forme que cela prend, tant que l'inspiration est là, il s'y engage de manière pleine et entière. Il sait qu'il a un nouvel effort à fournir. Et c'est que du bonheur ! Et il adore ça ! Grimper la montagne, il sait. 😊

Il se sent « assez ».

26. La distance

Quand nous sommes face à une expérience qui nous teste, peu importe la manière dont nous la vivons, le seul et unique but est une guérison.

Cela nous apprend à nous respecter afin que la situation ne se reproduise pas et prendre nos responsabilités.

Ce sont nos blessures qui sont mises à l'épreuve

Il y a la peur de faire vivre à l'autre une expérience : la peur que cela active une blessure chez l'autre, nous ne prenons pas de décisions qui sont bonnes pour nous. Donc nous nous oublions, nous ne nous respectons pas.

Et il y a l'auto-saboteur : face à une expérience, il nous dit : « tu ne mérites pas, tu n'en es pas capable, ne sors pas de ta zone de confort, ce n'est pas possible, tu vas encore souffrir… ». Nous nous limitons dans nos choix avant même que cela commence.

Dans tous les cas, c'est à travers le fait de vivre et de dépasser cette expérience, que nous allons guérir. Quand le test est passé, un vœu se réalise.

Quels sont les choix qui reflètent nos valeurs et la valeur que nous nous accordons ?

A quelle distance sommes-nous de ce qui nous passionne, nous fait vibrer, qui nous donne envie, qui nous fait nous lever le matin, qu'est-ce qui nous nourrit ?

A quelle distance êtes-vous de vous ?

C'est la clef.

Quand la guérison a lieu, les vibrations se modifient, les énergies sont nettoyées.
Tout s'aligne.
Et la nouveauté apparaît dans notre vie.

27. L'escargot et la maman crabe !

J'ai parfois l'impression que les choses prennent du temps. Je me réconcilie avec ce temps qui m'est offert. Même si cela ne se passe pas comme je le veux, je suis convaincue que tout est juste, dans le bon ordre et que la roue va tourner.

Ce temps m'est accordé pour préparer un état d'esprit, mon corps… ce qui me permet d'accéder à une guérison, de l'énergie.

Il est donc important de ralentir. De ne pas résister. Dans la « lenteur », je peux observer, explorer. Ce qui m'amène à rester fidèle à moi-même. C'est juste un cap. Je prends conscience aussi de mes capacités et ressources. Le temps est un cadeau.

La lenteur ne veut pas dire inaction. En coulisse, il se passe beaucoup de choses. La lenteur reste un mouvement. Un peu comme le fait que de ne pas choisir est un choix !

Et quand la roue tournera, je serai prête.

Si je reste alignée avec la vie, avec ce que je veux et ce qu'il se passe, je saurais voir quand cela se produit. Si je résiste, je peux passer à côté ou être en mode « il était temps » et ne pas être heureuse quand cela arrive, etc.

Les choses arrivent au fur et à mesure. Je reste confiante : même si j'ai l'impression qu'en surface il ne se passe rien, sous le niveau de la mer, ça bouge.

L'escargot avance à son allure ! Et la maman crabe apprend à ses petits à marcher droit ! Tout est question de perspective 😊

28. L'équilibre

Je suis heureuse par moi-même et pour moi-même. Je me chouchoute. Je suis bien, satisfaite. Mon cœur est réjoui. Ma vie va bien. Je suis autonome (voire indépendante) : je n'attends pas après les autres pour m'apporter du bonheur, de la satisfaction. Je me sens amoureuse. Même si tout n'est pas parfait, même si je suis parfois encore mal assurée, c'est ok. C'est très agréable. Je me mets à l'honneur. Je me reconnais.

Ne croyez pas que tout ceci est arrivé en un claquement de doigt. J'en ai expérimenté des situations ! Je suis sortie de ma zone du connu étape après étape. Chacune d'elle m'a apportée au fur et à mesure tout ce dont j'avais besoin.

Alors, oui ! Je porte ce succès haut et fort. J'en suis fière et je marche la tête haute.

Ce nouvel état d'esprit me permet d'évoluer vers autre chose. De nouvelles actions. J'ai foi.

Je regarde droit devant et je tranche. C'est bon pour moi ? Je garde. Ce n'est pas à la hauteur de ma nouvelle vision ? Je rejette. Je ne m'appesantis pas avec du « mouais… peut-être… on verra » car si c'est le cas, c'est que je vibre cette incertitude…

« Haut » plus j'ose être moi, « haut » plus je suis dans des énergies de succès. Ce résultat fructueux vient de la spirale ascendante pour laquelle je me suis investie. Maintenant, elle me sert de tremplin, d'impulsion pour accéder à une nouvelle spirale ascendante.

Je me laisse porter par cette nouvelle inspiration.

Et je profite de la beauté, de la légèreté du début…

29. Elle est

Elle se sent pousser vers l'aventure. Elle a envie de se jeter dans le vide à corps perdu. Elle ignore ce qu'il va arriver. Elle se déleste de tout le passé (elle n'en peut plus !) afin d'avoir l'esprit libre, afin de savoir qui elle est, afin de connaître ses capacités et comment les utiliser. Derrière il n'y a plus rien pour elle. Elle part droit devant. Avec foi. Toutes ses expériences douloureuses, désagréables, certaines vérités aussi l'ont « obligée » à trouver sa sécurité intérieure. Elle s'est rendu compte que malgré tout, elle est toujours là, debout. Tout cela a construit, renforcé sa sécurité intérieure et à s'y sentir en totale quiétude même au milieu du chao.

Avant, par exemple, elle se ruait sur la nourriture pour étouffer ses émotions ou sur une cigarette pour mettre un nuage de fumée sur ce qu'elle ressentait. Maintenant quand elle est dans le mal-être, elle entre en elle-même. Et elle ne fait plus peser tout cela sur l'extérieur. Elle a ancré. Peu importe ce qu'il se passe en-dehors, plus rien ne vient éteindre son feu intérieur. De temps en temps le feu est un peu plus faible, mais il est toujours présent. Peu importe les tempêtes extérieures, et même si cela tangue, les racines sont bien ancrées. Donc tous les chaos qui surgissaient dans sa vie et qui venaient tout remettre en question, c'est fini. Et cela ne vient plus grignoter l'estime qu'elle se porte, la confiance en elle. Cela reste suffisamment stable pour traverser la tempête.

Elle reconnait son intégrité et ses valeurs.

Elle accueille comme ça vient.

Elle marche tranquille sur son chemin.

Elle a été façonnée pour cette évolution.

Elle ferme les yeux et ressent…

Elle est.

30. La construction

Comment construit-il ? Il prend conscience de deux choses.

La première est que ses rêves ont besoin de pragmatisme. Parfois il a de la difficulté à démarrer les choses : il repousse, décale, se disperse… La seconde est sur sa façon de construire.

Parfois, il est important d'avancer « sans » mais avancer dans tous les cas. Comment, avec ce qu'il a compris, peut-il construire de manière plus efficace, simple et concrète ?

Tout d'abord s'équilibrer car pour l'instant, il est dans un éparpillement spirituel : il se noie dans beaucoup de croyances. En soit, avoir des croyances n'est pas le problème. En effet, il a beaucoup de signes sur son chemin. Il pourrait décider de s'en servir pour concrétiser dans la matière. Mais il ne les saisit pas. Pourtant, il est temps, même si certaines choses sont encore dans le brouillard. Sinon ça lui reviendra toujours sous différentes formes : rumination, insomnie, tristesse, voir tout en noir…

Il est primordial qu'il agisse pour lui. Cela le rapprochera de sa créativité. Il a tout en lui. Il a suffisamment appris, cherché, intégré. Maintenant il faut l'utiliser à bon escient. Car le temps passe malgré tout. La procrastination lui apporte-t-elle quelque chose de constructif ? Lui convaincu « qu'il n'a pas » et les autres qui font ! Super ! On continue comme ça ?

Il va tenter. Au mieux ça lui permettra d'évoluer. Au pire, il reste au même endroit. Le risque est mineur.

Donc s'écouter.

Libérer les émotions du passé.

Accepter la vérité afin de se recentrer.

Cesser de se disperser.

Revenir à du concret.

Acter.

31. La jalousie

Face à la jalousie il y a toujours des questions à se poser et surtout remettre à chacun sa responsabilité, que ce soit nous qui jalousons ou que nous soyons jalousés. Sinon nous nous laissons envahir. Nous ne parlons pas ici de triangle amoureux 😊 Il s'agit du sentiment de jalousie « neutre » : nous désirons ce que l'autre a. Mais l'autre ne nous prend rien. L'autre est juste l'autre. La jalousie est un sentiment que nous ressentons ou que nous faisons ressentir. Et elle indique toujours un mal-être personnel.

Les questions sont :

- Lorsque nous ressentons un sentiment de jalousie, est-ce que cela nous prend quelque chose ou est-ce que cela nous donne quelque chose ?

- Quel mal-être est mis en lumière et de quoi devons-nous nous séparer pour ne plus ressentir ce sentiment ?

- Faisons-nous les actes qu'il est important de faire dans notre propre vie ?

- Nous aimons-nous assez ? », etc.

Nous sommes jaloux de quelqu'un car nous estimons, de notre point de vue, que cette personne à quelque chose en plus ou en moins.

Juste un point de vigilance si c'est nous qui sommes jaloux : « Est-ce notre égo qui nous manipule et qui nous pousse à quitter l'autre en l'accusant de quelque chose qui est juste basé sur un sentiment de jalousie par effet miroir… ? ».

Il est important de savoir que nous voyons chez l'autre ce que nous avons en nous. Sinon nous ne le verrions pas et cela n'aurait aucun impact sur nous car cela n'existe pas en nous. Donc quand nous jalousons l'autre, la raison qui suscite la jalousie est en nous. Qu'attendons-nous pour nous donner les moyens d'aller vers ce qui nous appelle ?

Quand nous sommes jalousés, c'est que nous rayonnons. Mais cette jalousie n'est en aucun cas de notre responsabilité. Cela montre aussi que nous sommes sur notre chemin. Et plus nous sommes jalousés et plus il est important de continuer sur notre chemin !!

Quand nous sommes « assez » dans notre vie, la jalousie n'existe pas. Nous n'avons pas le temps pour cela ! Et nous ne le prenons pas !

Donc si nous laissons de l'espace pour la jalousie, c'est que nous ne sommes pas assez alignés.

Restons à l'écoute des reproches car dans tous les cas, jaloux ou jalousés, cela nous montre où nous en sommes.

Et si nous passions de la jalousie à l'inspiration ?

32. La libération

Quand les énergies bloquent et que je ressens un malaise, c'est qu'il y a une clôture à faire avec le passé (rupture, traumatisme...). Il est possible de m'en libérer une bonne fois pour toute.

Quand je déballe le traumatisme, la plaie est grande ouverte : accueil, conscientisation, guérison... puis vient la phase où je constate que les choses s'aplanissent, je le vis mieux, les énergies sont plus sereines et je constate que je ne réagis plus de la même manière face à des situations similaires. Ces dernières ne me montrent plus les mêmes choses (par rapport à ce qui a été guéri). Je suis heureuse. Cette phase-là je n'ai pas envie qu'elle change et c'est là que le blocage intervient. Je ressens tant de bonheur à être arrivée à ce stade-là que je me dis de manière inconsciente : « Je ne vais pas aller tester quelque chose de nouveau ! J'ai atteint ce stade, c'est déjà bien. Je ne vais pas expérimenter une nouvelle situation au risque de perdre cette paix, cette sérénité et qui, surtout, risque d'ouvrir une autre plaie ! J'ai tant galéré pour en arriver là où j'en suis... ». Le blocage est là. C'est une peur. Une peur d'être déstabilisée par rapport à tout ce que j'ai déjà réussi à obtenir en termes de paix et de sérénité à l'intérieur de moi. Et ouvrir une nouvelle porte inconnue m'amène à ressentir la peur que je vais manquer de quelque chose.

Si une nouvelle situation se présente à moi maintenant, c'est que j'ai toute la capacité de la gérer. C'est que je suis prête à l'accueillir. Mes vibrations ont changé.

Me faire confiance.

Vivre à la hauteur de ces vibrations et de tout ce que j'ai avez nettoyé et guéri.

Il est temps de me libérer.

33. Mon royaume

Je suis sensible, émotive, créative… parfois ce trop d'imagination laisse place à la désillusion de scénarii que je me raconte.

Ce qui me sauve c'est mon discernement. Je prends le temps d'observer. Comme je suis calme et détachée sur le plan émotionnel, je vois dans le jeu de la manipulation des uns et des autres. Je ressens celles et ceux qui sont dans le déni, dans le mental. Je perçois ce qui est caché. Je sais m'éloigner des gens qui ne m'aiment pas. Cela n'enlève en rien ma lumière.

Je n'entre pas dans les conflits surtout ceux de l'égo. Ce n'est pas que j'ai des œillères, les discussions vaines ne m'intéressent pas. Je connais mes valeurs. Et je continue d'avancer souvent sans me retourner. Je fais ce que j'ai à faire.

Je ne m'enferme pas dans des croyances. Je suis ouverte à la découverte, à l'écoute, à la compréhension. Juste qu'au départ, je ne m'emballe pas. J'observe un temps pour savoir si je peux baisser la garde.

Ainsi va ma vie…

34. Le cœur réparé

Elle tourne une page pour écrire un nouveau chapitre. Le passé est à terre. Et cette terre ne la nourrit plus.

Tout s'aligne. Ses idées deviennent des projets.

Elle est aux commandes. Elle se lance. Elle y croit. Pour aller où, elle ne le sait pas. Ses idées sont claires. Elle est sereine. Comblée. Epanouie.

C'est riche d'amour.

Elle prend sa part.

Elle accepte et s'autorise enfin à tout cet amour d'elle-même pour elle-même et des autres.

35. Ras-le-bol !

La situation n'a que trop duré. Là ce n'est plus possible. Il arrive au bout de ce qu'il peut tolérer.

Il sait qu'il a laissé trainer les choses. Par lâcheté ? Par fuite ? Par auto-sabotage ?

Il a comme une impression que sa vie part dans tous les sens. Comme s'il ne parlait plus le même langage avec son entourage. Il n'est plus sur les mêmes vibrations. Incompréhension totale. Il se sent trahi, accusé… Qu'est-ce qui n'est pas nourri en lui et qui, par effet miroir, vient lui faire comprendre qu'il y a quelque chose qu'il est important de réaligner voire d'aligner à l'intérieur de lui ? Par cette situation de trahison et d'accusation, il comprend qu'il s'auto-trahit, qu'il n'est pas aligné, qu'il ne s'affirme pas.

Pour dépasser tout cela, la seule solution est de prendre des décisions, pas de fuir. Il est important de se séparer soit de croyances ou d'habitudes ou de personnes… peu importe. Et même s'il ressent de la tristesse, il sait que c'est la meilleure chose à faire. Inutile à présent de ressasser sur ce qui a été ou ce qui ne va pas. Vers quoi veut-il aller pour aller mieux ?

Il est temps de tirer le frein à main pour stopper net et repartir sur de bonnes bases.

Il sait qu'il va en sortir grandi. En attendant le passage est loin d'être évident.

Ouvrir les yeux pour se métamorphoser.

Se retrouver.

S'équilibrer pour le « happy end ».

36. Notre âme d'enfant

Et si nous prenions le temps ?

Qu'est-ce qui nous fait envie et à laquelle nous n'accordons que trop peu de temps ?

De quoi nous sommes-nous éloignés par responsabilité, par obligation, par fuite… ?

Est-il naturel que, sous prétexte de responsabilités, d'obligations, de fuites ou que sais-je, nous en oublions d'apprécier les plaisirs la vie ?

Et si nous remettions cette envie sur le devant de la scène ?

Sommes-nous obligés, parce que nous faisons des choix dans un sens d'oublier les joies que la vie nous offre ? L'un est-il obligé d'avoir le pas sur l'autre ?

Devenir adultes, signifie-t-il la perte du rire, de la joie de vivre, de la légèreté ?

« Qui conserve son âme d'enfant, conserve son âme entière. »

37. De vous à vous

Vous êtes en pleine prise de décision pour aller vers un changement. Votre décision est basée sur une prise de conscience : redonner de l'élan à une passion, rééquilibrer une situation…   C'est vous avec vous.

Et vous réfléchissez au meilleur compromis pour vous. Peut-être pas le plus agréable ou le plus simple… Vous prenez le temps car vous êtes à bout de souffle et que vous ne voulez pas faire n'importe quoi. Ce n'est pas une décision prise sous l'impulsivité. Vous voulez être sûrs de votre choix car vous savez qu'il est irréversible. C'est imminent. Vous ajustez juste ce compromis : comment allez-vous l'amener ?

Ce changement va créer l'espace dont vous avez besoin. Qu'est-ce que vous êtes prêt à lâcher ? Qu'est-ce qui pèse dans la balance ?

La seule chose qui pourrait vous empêcher sont vos pensées limitantes, votre sécurité.

Prendre le temps de s'extraire de la situation.

Avoir une vue d'ensemble.

Tout ne dépend que de vous.

A vous de décider.

38. L'héroïne

Hier soir ma maman a envoyé une image avec 5 personnalités publiques considérées comme des héros !

Ma maman et mon frère ont échangé sur leurs héros respectifs. Je n'ai rien répondu car…

Je suis ce fœtus rejeté qui s'accroche à la vie.

Je suis ce bébé séparait de ses parents.

Je suis cette petite-fille entourée d'amour par ses grands-parents.

Je suis cette nièce projetant son besoin de « papa » sur son oncle.

Je suis cette petite sœur admirative de son grand frère par son intelligence, sa beauté et son lien si étroit avec notre maman.

Je suis cette enfant timide et apeurée qui développe le syndrome de l'enfant parfait pour être acceptée.

Je suis cette adolescente qui rejette son corps, qui le frappe de ne pas être parfait et qui pleure parce qu'il n'est pas conforme à certains regards… qui flirte et séduit pour se rassurer, bosseuse, sérieuse… qui tente par tous les moyens de sortir du « t'es moche, t'es conne, t'es grosse » qu'elle n'entend que trop souvent.

Je suis cette amoureuse de l'amour qui, pour des miettes, des ersatz d'amour peut tolérer bien plus qu'elle ne le devrait.

Je suis cette maman de 2 belles âmes qui m'ont choisie pour s'incarner. Gratitude. J'aime ces 2 âmes d'un amour indescriptible.

Je suis cette grand-mère frapadingue de ma Merveille d'Amour.

Je suis cette thérapeute passionnée qui œuvre de tout son cœur.

Je suis cette formatrice qui transmet car rien ne lui appartient.

Je suis cette amie, j'espère présente dans tous les moments de votre vie.

Je suis cette femme qui aime de tout son cœur, entière, qui pardonne, qui tombe, se relève, qui avance même en rampant, qui sourit même quand elle est triste, qui ne comprend pas la méchanceté, qui se regarde droit dans les yeux et se remet en question, qui fait au mieux à chaque instant, qui construit jour après jour sa vie selon son rêve et qui ose, parfois, car elle est restée cette enfant timide et apeurée. Elle a juste appris à se rassurer.

J'ai vécu tant de choses. Et tout ce qui m'attend encore. Ma vie est si riche. Je suis une héroïne.

Je suis l'héroïne de ma vie.

39. Elle ne lâche rien !!

Son engagement est mis à l'épreuve. Pourtant, elle ne lâche rien. Même si parfois elle a envie de tout abandonner parce qu'elle ne se sent pas soutenue, accompagnée, parce que c'est difficile, parce qu'elle se sent au bout du bout, parce qu'elle voit tout en noir… A force de tenir, la coupe est pleine. Il est temps de la vider.

Alors, elle prend le temps d'accueillir ses émotions. Elle se laisse descendre. Elle sait que c'est sa soupape de sécurité.

Elle évite de prendre des décisions à la hâte par un trop plein émotionnel.

Ce moment de doute lui permet de revisiter son chemin, de se connecter à sa vérité intérieure. Aurait-elle oublié un détail, une information à douter de la sorte ? Oui. Pendant un instant, elle a oublié à quel point elle fait preuve de sagesse. A quel point elle est puissante. Elle sait, alors, qu'elle a toutes les capacités pour traverser ce moment de doute.

Se reposer.

Ne pas abandonner.

Se réengager.

Se reconnecter à sa sécurité.

Ressentir.

Reconnaitre la beauté d'être.

Laisser « le faire » de côté pour un instant.

40. Le lien de cause à effet...

Le verdict est tombé. Même si sur le moment ce n'est pas super agréable, c'est pour du mieux.

Les choses prennent exactement la tournure qu'elles doivent prendre. Les masques tombent. Il avait des interrogations. Il a les réponses. Il a eu envie de savoir. Il est donc allé se confronter à la réalité. Cela lui montre qu'à partir du moment où il est dans l'action, tout s'aligne.

D'un côté la réalité, de l'autre ce qu'il désire. Au milieu, la frustration. Cette frustration peut être dépassée s'il fait un pas en avant (force d'action). Il se confronte alors à la réalité. Et que cela lui plaise ou pas, cela lui permet de constater si sa frustration est réelle ou non. Une fois ce pas fait, la réalité se transforme. Si cette réalité entretient sa frustration, c'est que son chemin est ailleurs.

Ce qu'il se passe l'amène à la tranquillité et à la quiétude.

Aller au-delà des apparences.

Sortir de sa tête.

Oser dire.

41. Nous

Prenons le temps d'écouter notre corps.
Lançons-nous dans quelque chose de nouveau.
Cela nous apportera de nouvelles connaissances.
Mettons de la lumière sur nos vies.
Trouvons notre place.
Gérons notre vie en tant qu'adulte.
Libérons les tensions, le stress, les peurs de manquer… que retenons-nous ? La crainte de ne pas être assez et/ou de ne pas faire assez et/ou de ne pas avoir assez ?
Que devons-nous débloquer pour nous sentir bien, en paix, stable ?
Déposons nos bagages selon notre vérité.
Quittons les tensions, les conflits, la compétition, le stress.
Cessons de juger. De mots dire.
Méditons sur l'amour de soi.
Œuvrons pour notre résilience selon les évènements, l'accueil des émotions, la paix intérieure…
Changeons notre monde.
Souhaitons-nous le meilleur.

42. Aller vers l'inconnu

Quand j'ai envie de faire quelque chose, je laisse parler l'impulsion. A chaque fois que je suis poussée à aller quelque part, à faire quelque chose, à créer, je le fais. Cela me permet de me régénérer, me restructurer et me réaligner.

Je ne tiens compte ni de l'avis des autres, ni de mon mental. Je pourrais être retenue, détournée. Si on tente de me bloquer dès le départ, je dépasse les jugements. Les mots peuvent ralentir voire décourager et créer de la frustration.

Mon style de vie ne convient pas ? Je m'en fiche. Les autres n'ont pas conscience de ce que je vibre à l'intérieur. Ma vie me convient. Ma vie me correspond. La direction est claire car je suis en accord avec moi. La pauvreté de l'expression de l'entourage leur appartient. Je reste donc cacher quand c'est nécessaire. Je ne dévoile pas mes intentions. Je garde mes ambitions. Et plus je suis dans cette maîtrise de ce que je sais être juste pour moi et plus je vais loin. Pas forcément vite mais j'y vais. Je me mets en route. Je n'attends plus. C'est une énergie de l'instant et comme elle est utilisée à bon escient, personne ne peut me sortir de mon but. L'objectif peut être commun voire très banal mais qui au final cela m'apporte un bien-être certain. Et c'est cette certitude que j'ancre.

Parfois je ne sais même pas où je veux aller mais je me mets en route et je suis guidée, inspirée. Sur le chemin tout vient. C'est une évasion indispensable et nécessaire. Cela purifie les énergies.

Je suis dans l'amour de moi et du plaisir d'être avec moi. Et c'est important !

43. La réconciliation

Je me réconcilie avec le temps et mon intuition. J'avais un peu perdu espoir et presque baissé les bras. Je ne savais pas trop : « Peut-être que ce n'est pas pour moi, peut-être que mon intuition m'a fait défaut, ça n'arrivera pas, peut-être que j'ai loupé le coche… ».

Et en même temps, je n'avais de cesse de me répéter : « Sois patiente, tout est juste, les choses arrive quand tu es prête, etc, etc… ». Mais bon… Au bout d'un moment… bouuuuuh… presque à bout de course…

Et tout d'un coup, bam ! Tout arrive. J'ai bien fait d'attendre. Mon intuition était bonne. C'est le temps qui m'a tout apporté : je n'ai ni cherché à contrôler, ni à provoquer. Je comprends mieux !

Et cela arrive là où je ne l'attendais pas.

Je suis délivrée de cette question de temps. Ouf ! Soulagée.

Je me sens soutenue par la Vie.

Unique en mon chemin.

« La vie donne au patient ce qu'elle fait payer à l'impatient 😊 – auteur inconnu »

44. Sa place en tant que femme

La vie ne lui apporte pas toujours des expériences pour la défier. La vie lui montre aussi qu'il y a des choses qui retiennent son évolution.

Ce n'est pas parce qu'elle n'a rien vu venir que ses intuitions sont mauvaises. Ne pas tout mélanger.

Là ça part dans tous les sens et cela arrive à un point qu'elle n'aurait pu imaginer. Tout n'est pas à remettre en question.

Elle a vu l'opportunité au bon moment, elle a évolué, grandi et là c'est la fin. Ce n'est pas une remise en question.

Quand dans un environnement, tout vient appuyer sur « elle ne se sent pas assez », ou de la jalousie ou du rejet ou de l'abandon ou de la trahison ou de l'humiliation ou de l'injustice… la vie vient lui dire « stop ». Cela montre qu'elle n'est plus à sa place. Ce n'est pas le reflet de sa réalité et de ce qu'elle est. Cela ne reflète pas sa valeur. Elle se rend compte qu'en restant et en cautionnant ces énergies, elle éteint sa lumière. Elle ne peut plus rester dans cette situation en pensant que ce qui la rend malade va lui apporter le remède.

Ce n'est pas un échec en soi, c'est sa stratégie qui n'est pas cohérente. La bonne stratégie est de se rappeler qu'elle est un cadeau pour elle-même et pour les autres. Si les autres ne savent pas le reconnaître et ne voient pas sa valeur, elle doit agir de façon différente et aller mettre sa force d'action ailleurs. Elle choisit donc de s'extraire de ce qui la rend malade et arrêter avec les gens avec qui cela ne fonctionne pas.

Cela lui demande de prendre conscience d'elle-même et de bouger.

Prendre des décisions.

Faire un pas en avant.

Se rééquilibrer.

Retrouver son rayonnement.

45. La réalisation du rêve

Il se sent accompli, en sécurité, à sa place, bien entouré. Il se sent bien avec ce qu'il a. Quel bonheur ! Quelle joie !

Ca lui donne une magnifique impulsion. Ce sentiment de sécurité lui permet de s'autoriser un espace de dialogue intérieur. Il peut lever le pied en s'accordant ce temps. Il crée, planifie, réfléchit et finalement s'aligne avec ce pas en avant qu'il va faire. Il va vers et ça vient aussi à lui.

Comme il prend le temps d'accueillir, la Vie le soutient, l'encourage. Et le chemin devient facile. Il modifie sa manière d'aborder, d'expérimenter. Ce n'est pas une décision. Il acte en le vivant. Avec plus de légèreté et plaisir. C'est sa nouvelle manière de vivre. Quelque chose a lâché sur le plan émotionnel. Il s'autorise à nouveau à vivre la joie, le bonheur, la spontanéité... l'amour...

Il a tant souhaité dépasser la peur de ses émotions, la méfiance face à ce qui le met en joie, l'auto-sabotage...

C'est une étape sur son chemin afin d'aller à la rencontre de son souhait.

Sa part émotionnelle est chamboulée et pour du mieux. Tout se met en place de manière naturelle.

Et il en est surpris ! Qu'est-ce que ça lui fait du bien !!

Il se réconcilie avec le moment présent et la liberté de la vie.

Un vœu se réalise...

46. S'élancer avec le cœur…

Dans la plupart des cas, il est bon de faire preuve de patience… Dans le contexte qui nous intéresse, la patience est mise sur l'envie de nouveautés avec un objectif.

Avant de passer à l'action, il est important de faire le tour du sujet et de l'approfondir, d'ouvrir notre conscience à l'émotionnel, à l'envie. En dehors du matériel. Notre intention est de développer un domaine afin de nous connecter que ce soit à notre être, notre enfant intérieur, notre cœur…

Cela peut se faire par le biais de rencontres, d'une formation… Nous accédons à une nouvelle vérité. Nous prenons le temps de l'accueillir, de la comprendre pour la magnifier. Nous intégrons plus de sagesse. Et quel que soit le résultat de la mise en action, ne pas s'y appesantir. Nous ne sommes pas toujours responsables du résultat. Il y a aussi les autres, les décisions, l'évolution des choses… Donc peu importe le résultat, ne nous y attachons pas. Surtout s'il ne correspond pas du tout à ce que nous souhaitions. Portons alors notre attention sur tout ce que cette expérience nous apporte : force, sagesse, grandeur… et c'est sur ça qu'il est important de rester…

Et passons à la suite.

47. Elle et Lui

Elle a confiance en ses émotions. Elle en connait toute la gamme, tout le spectre. Elle connaît son cœur. Et peu importe ce qu'elle ressent, elle l'assume. Elle se balade dans son univers émotionnel. Et même s'il est très agréable d'être aimée, elle s'aime avant tout. Elle est autonome dans ses émotions. Elle aime si elle choisit d'aimer. Elle aime quand elle a envie d'aimer et si elle sent que c'est bon pour elle.

Aujourd'hui, elle est tournée vers l'avenir. Et le potentiel que ce demain lui réserve.

Elle sait que c'est un cadeau de la vie. Elle laisse le passé dans le passé. Elle a pris le temps pour guérir, se reposer et recharger ses vibrations. En douceur, en suivant son propre rythme. Elle s'est écoutée. Elle ne s'est pas laissé influencer ni bousculer par l'extérieur. Elle a vraiment pris du temps pour elle.

Maintenant qu'elle est libérée de la charge du passé, elle peut s'élancer dans une toute nouvelle vie dont elle ne connaît pas la destination finale. Ce n'est pas son problème. Elle vit au jour le jour. Elle prend ce que la vie lui offre. Elle savoure l'instant, demain est un autre jour. Elle s'offre une belle page blanche.

Comme elle a bâti sa vie pour faire en sorte de se sentir en sécurité, elle peut donc se libérer de tout ce qui est inutile pour savourer cette sensation d'appartenir à la vie. De vivre en étant libre.

Il communique très bien avec Elle sur son univers intérieur émotionnel. Il est à l'aise pour mettre des mots sur ce qu'il ressent. Et il reste aussi dans ses pensées.

Il a dû apprendre à manier ses talents et toutes les couleurs de sa palette pour faire de sa vie ce qu'elle est. Seul, il a dû découvrir ce dont il était capable, comment améliorer sa vie, comment changer ce qui ne lui convient pas, comment rendre sa vie plus pétillante. Il ne compte pas sur l'extérieur pour embellir sa vie. Il a appris à combler par lui-même ses propres besoins.

Cette rencontre, lui permet d'ouvrir les portes de son imagination. D'ouvrir un domaine de sa vie qu'il n'avait pu ouvrir avant. Il s'y faufile. Il se projette dans un avenir magique, merveilleux, fantasque. Cette rencontre lui permet de comprendre que c'était écrit. Il ose croire à nouveau. Il ose nourrir une forme d'espoir : le bonheur est possible. Tout est possible. Et même si certaines choses échoueront peut-être, celles qui réussiront seront encore plus belles que tout ce qu'il avait pu imaginer.

Il manifeste sa vision d'avenir. Il utilise tous les outils à sa disposition pour dépasser une situation qu'il a laissé derrière lui. Il active sa magie pour ne plus être ni dans le passé ni dans les regrets.

Il se laisse envahir par la chaleur de ses sentiments, de ses émotions. Il se laisse embarquer sur la compréhension de ce que cette relation signifie pour lui.

La relation démarre sous de bons hospices avec de la chaleur, de la compréhension, de la clarté. C'est romantique, pudique, confiant. Presque sur la retenue.

La relation s'autonourrit par la douceur, le romantisme, la poésie…

Patience, c'est le juste chemin…

48. « Dans tes bras n'est pas seulement un
lieu ; c'est là où je suis. Être dans tes
bras. »

49. Sa sensibilité

Il a fait ce qu'il avait à faire, il a fait tout ce qu'il pouvait faire, il a mis des choses en place, il poursuit ses projets. Ce qui a changé ? Il lâche prise. Il cesse de vouloir contrôler et il fait confiance à la vie, en sa bonne étoile. Il est optimiste. Il décompresse et profite des bons moments. Il croit en ce qu'il réalise. Il ne sait pas trop quelle forme tout cela va prendre et il reste très positif.

Il est dans une vibration où il reçoit toutes les informations dont il a besoin et les gère. Quoi qu'il arrive il poursuit sa route. Il reste attentif à son impulsivité. Ne pas réagir voire surréagir sur l'instant et regarder les choses en toute honnêteté.

D'un côté, tout ceci renforce ses désirs, ses rêves et surtout sa foi. D'un autre, cet état d'esprit crée un espace où il va pouvoir accueillir tout cela. Et au milieu il y a ce qu'il vit.

C'est comme un élan passionnel de créativité, d'envies. Sa flamme intérieure se réveille et se révèle. Il est temps qu'il se montre, qu'il s'extériorise. Qu'il aille au bout dans la concrétisation de ce qui lui tient aux tripes.

Cet élan qu'il ressent et qu'il vit, il l'a déjà touché du doigt. Il a tenté de le partager mais il a été mal accueilli. La manière dont il l'a vécu avait réouvert des blessures. Aujourd'hui, tout ceci est derrière lui. Et ce serait dommage de laisser étouffer ce feu intérieur. Car, au final, cela créerait de la frustration. Il n'en tient qu'à lui.

Il sait qu'il a un effort à fournir : d'un côté il y a la matière, la concrétisation, la vie. De l'autre, son intériorité, ses rêves, ses envies, le non palpable. Pour voir la forme se dessiner dans la matière, il faut aller voir. Il faut oser aller à la rencontre de ses 2 côtés. Pas en mode « J'attends de voir pour y croire, mais j'y vais avec tout mon cœur et j'ose le montrer, le vivre et j'observe la forme que cela prend dans la matière ». Ne plus regarder avec ses conflits intérieurs : insécurité, manque de confiance en soi, ne pas se sentir assez... Dans son ensemble, la situation existe déjà. S'il n'était pas assez, la situation n'existerait pas. Il doit cesser de regarder la part qui répond à son insécurité, à sa dualité, à son conflit intérieur...

Il aimerait mettre ses doutes, ses incertitudes, ses peurs de côté. Qu'attend-il pour le faire ? Que veut-il ? Va-t-il laisser son passé entacher ce qu'il vit ? Tout ne se fait pas toujours dans la douleur et le combat.

S'attendre au meilleur.

Oser s'exprimer.

La beauté de sa sensibilité est sa carte chance.

50. Après la pluie...

Je suis fière de moi : je viens de couper avec une façon d'être qui me maintenait bloquée (comme si j'avais eu du mal à comprendre certaines choses que j'ai vécues), comme prisonnière. Le temps m'a montré les barrières, ce qui m'empêchait d'aller au-delà. J'ai beaucoup appris : la manière dont je me suis construite et comment je fonctionne.

Tout ce qui m'enchainait, s'écroule. Je me suis tant protégée de tout ce que la vie m'apportait.

L'orage est passé. Il y a quelque chose qui a changé en moi. J'ai cherché des réponses et me suis aventurée sur certains chemins, intérieur et extérieur. J'ai jeté un léger regard en arrière. J'ai ôté le voile du passé.

A présent, je me reconnecte à mon intuition, à mes ressentis. Le souvenir de ce que je suis au plus profond de mon cœur, mon être, mon âme revient.

Je me montre telle que je suis.

Je retrouve une forme d'équilibre.

Mon objectif est d'avancer de nouveau plus autonome, active, responsable et indépendante que jamais. Comme si tout se remettait en route.

Je sais ce que je veux et où je veux aller.

En écoutant ce que je désire je quitte une forme de ralentissement, une posture un peu passive. Je prends conscience de ma valeur. Je reprends les commandes de ma vie avec plus de justesse.

J'ai coupé les racines sèches, les liens limitants.

Je prends conscience du trésor à l'intérieur de moi.

Je ne me sacrifie plus.

Aujourd'hui je suis à même d'ouvrir une porte qui était restée fermée. J'ai traversé une épreuve initiatique. C'est la sortie du tunnel, de mon isolement, mon enfermement, de ma coquille. Je maintiens le cap.

L'horizon se dégage. Je vois les prémices de ce qui se prépare. Et c'est beau, magnifique et grand ! A moi maintenant de dépasser la peur de ce changement important pour moi. Comment agir de manière concrète ? Où vais-je mettre mon énergie ? Vais-je m'autoriser au bonheur ? C'est en étant connectée à mes émotions, mes ressentis que je vais avoir des signes. A moi de les écouter. Ne plus douter. J'ai tant œuvré pour me sentir en paix. Je n'y croyais plus. Je ne m'y attendais plus.

Cela modifie ma vision des choses. Je prends la responsabilité de changer mon état d'esprit.

L'extérieur reconnait quelque chose d'important dont j'avais besoin. J'apprends à me laisser guider car ce qu'il se passe je l'attendais depuis longtemps.

Je reprends vie.

51. Poursuivre avec foi

Un projet, une prise de décision, une étape de vie… nous y sommes presque. C'est la dernière ligne droite. Il n'est pas question ici de difficultés… il s'agit de persévérance.

Avant, il est important de clore tous les chapitres. Nous avons tendance, quand la guérison s'installe, à vouloir tout de suite passer à autre chose. Nous oublions souvent, l'étape de la « rééducation » (voire de « l'éducation »), de « désintoxication », de « ré-apprivoisement » afin d'intégrer notre nouvelle façon de penser, d'agir ou de voir la vie. La phase de « rééducation » nous permet de reprendre de la mobilité, notre pleine puissance. Nous avons trop souvent tendance à négliger cette étape. Pourtant ô combien nécessaire !

Jusqu'au succès, il est important de conserver la foi, de faire confiance en la vie, en l'Univers, en soi. Ne lâchons rien ! Ne baissons pas les bras ! Ce qu'il y a à entretenir n'est pas de faire autrement mais de renforcer notre intériorité.

C'est vrai que derrière la libération, nous ignorons ce qu'il nous attend. Et pourtant nous y allons quand même car nous avons la foi. Connectons-nous aux belles vibrations. Ayons confiance en notre destin.

Nous avons déjà beaucoup fait. Notre labeur porte ses fruits. Ce qui devait être dépassé a été dépassé, ce qui devait être détruit a été détruit, ce qui devait continuer continue, ce qui devait démarrer a démarré. Tout ce que nous avons dû chambouler (et dans la difficulté ! Ca n'a pas été simple tous les jours !) nous l'avons fait parfois en marchant, en courant et même en rampant. Même si c'est dur, même si nous ne comprenons pas toujours pourquoi nous le faisons, même si nous n'en voyons pas le bout, ni les fruits, nous savons que le meilleur nous attend.

Nous avons suivi les signes. Nous avons grimpé la montagne.

Mettons de côté cette impression que cela prend du temps ! Que c'est lent !

La destruction a été brutale et rapide pour que cela n'aille pas plus loin et qu'elle ne reste pas dans nos vibrations. Car tout ce qui prend du temps s'ancre.

Il est donc plus important que ce soit les belles choses qui prennent du temps afin qu'elle s'ancre.

Afin que cela se pérennise.

Ayons foi en nos rêves ! Osons le contact ! Osons aller voir ! Osons vivre ! Tout se débloque. Et pas forcément là où nous l'attendons.

Regardons les choses telles qu'elles sont, soyons dans le moment présent et nous observons ce qui se débloque. Sinon nous continuerons à ne voir que ce qui stagne, ce qui n'est pas, les attentes…

Faire le choix du cœur.

La foi est notre plus grande force.

52. Le choix du cœur

J'ai une direction à prendre. Il est important que je sois en accord avec moi. Un choix à faire en adéquation avec mon for intérieur. Je décide de ce que j'ai envie de vivre. Je prends en considération mon intuition pour voir ce qui m'appelle et le matérialiser. J'ai beaucoup appris et compris de l'extérieur et de mon intérieur. Maintenant, quel chemin vais-je prendre ? Qu'est-ce qui est bon pour moi ? Séparer le pur de l'impur.

Cela m'amène à voir plus grand, plus loin, dans son ensemble pour utiliser tout ce que j'ai appris : ça je garde, ça je laisse, ça je veux le revivre, ça non…

Que désire mon cœur ?

J'ai envie de tout m'autoriser. Je mérite le meilleur. Je mérite la plus belle voie. Je ne veux ni me trouver des excuses, ni m'amoindrir. Aussi grand ou improbable que soit le chemin. Et quand mon ego me manipule, je le perce et vois.

Je commence à marcher sur ce nouveau chemin. Je suis mon propre cadeau.

53. L'intégration

Elle a eu beaucoup d'épreuves. La foi soulève des montagnes. Plus elle vibre quelque chose et plus elle va l'attirer, le voir et aller vers.

Certains de ses comportements toxiques sont nettoyés. Les situations qui viennent à elle, lui prouvent que ces schémas sont derrière elle. Et même si parfois la réalité lui montre le contraire et qu'elle revit certaines situations, elle le voit très vite et s'en éloigne. Merci et aurevoir. Le merci et l'aurevoir c'est la foi, la vie, la confiance en l'Univers.

Donc, quand la réalité n'est pas encore tout à fait conforme au processus de nettoyage, elle sait alors qu'elle est encore en phase d'intégration, que les énergies sont encore en cours de purification.

Cela lui permet de rééquilibrer ses vibrations.

Et cela renforce son amour d'elle-même.

54. Equilibre

Il veut se débarrasser de ses protections qui aujourd'hui l'enferment.

Une opportunité se présente à lui pour faire sauter son armure. Il reste attentif à son équilibre : ancrer dans le cœur et enraciner.

Il sait qu'il peut lâcher. Cela lui permettra de planifier, de remettre en route d'autres fondations, belles et dans la lumière. Et de les regarder grandir et prospérer. Chaque bouleversement est une opportunité de faire sauter les barrages.

Ce qui le bouleverse ? C'est ce qui demande à exploser, à être dépasser. Il finit de se nettoyer, de se purifier car il a envie d'y aller dans son nouveau monde. Il est prêt à l'accueillir. Tous les évènements présents lui permettent de passer des étapes, des paliers, de faire des sauts quantiques.

C'est en changeant sa vision du monde, qu'il peut élever ses vibrations, mettre la lumière sur le monde et là devenir utile à lui-même et aux autres.

Transmuter.

Déployer ses ailes.

Tout est choix d'âme.

Observer.

La vie est une aventure.

55. Laisser de côté

Parfois, je pars vers l'avenir avec des pensées comme ci comme ça. Et des souvenirs me rattrapent. Je garde espoir même si je ne suis pas au top tous les jours. Jusqu'à présent, je me disais que c'est ce que je mérite. Le genre de situations bizarres que je vais vivre toute ma vie. Je sais que le passé à laisser des traces. Je sais que certaines expériences m'ont tirée vers le bas. Je me suis trop souvent « contentée de"… et cela m'a épuisée. Je ne veux pas laisser ces situations prendre le dessus sur moi donc je continue à avancer peu importe ce qu'il se passe sur la route. J'ai refusé que les expériences du passé définissent mon avenir. J'ai refusé que certaines situations me rendent malade.

Tout ce que je fais c'est pour me réaliser, retrouver un équilibre. Alors, je pose les bases : laisser le passé de côté mais vraiment, laisser certaines peurs de côté mais vraiment. Ce n'est pas que je n'ai plus peur de rien, c'est que j'y vais quand même. Qu'ai-je à perdre ? J'avance même dans les moments difficiles. Je puise une énergie à l'intérieur de moi. Je ne sais pas où je la prends cette énergie mais je la puise pour continuer à faire des pas en avant. Alors je regarde tout ce que j'ai réalisé avec le peu d'énergie qu'il me restait.

J'ai appris à vivre avec ce que j'ai.

J'ai appris à m'occuper de moi.

J'ai appris la patience.

J'ai appris la sagesse.

Au final, tout se manifeste et je peux souffler.
Et ce n'est que le début 😊

56. L'ailleurs

Je ne fais plus de sacrifices pour qui que ce soit ou quoi que ce soit. S'il doit y avoir une amélioration, ce n'est pas toujours à moi de faire les efforts ! J'en ai assez fait… trop parfois !

Je ne veux plus être manipulée, dirigée, moquée. Si ce n'est pas stable, ancré, sain, concret, rassurant je ne ferai aucun effort. Je ne m'engagerai pas ! Je reste fidèle à qui et à ce que je suis. Donc toutes celles et tous ceux qui me diront « va par-là » ou qui essaieront de m'influencer… non ! Je me rends compte que mes émotions et mon mental m'ont souvent induite en erreur. Si je n'améliore pas tout cela, je vais rester bloquer.

Je veux de nouvelles possibilités, une avancée, un nouvel horizon, du lumineux, un nouveau paysage.

Je prends donc toutes les décisions en ce sens et c'est chamboulant. Mes forces : ma détermination, mon courage, mon honnêteté, cette volonté d'aller de l'avant. Certes, tout ne dépend pas que de moi mais cette porte, il n'y a que moi qui puisse la franchir. Si je reste là où je suis, et qui ne me convient plus, je sais que rien de changera.

J'ai des projets en tête. Maintenant il est important de me lancer. Faire le premier pas… comme je crains d'être encore dans l'illusion, cela prend du temps.

Ce qui m'aide, c'est l'amour. Ca a toujours été l'amour. Ce sera toujours l'amour. Pour moi et de mon entourage.

Je reste là ou je franchis le seuil ?

Mon destin est ailleurs...

57. Le trésor de sa vie

A-t-elle vraiment besoin de savoir si ça va marcher ? Si elle est dans la bonne direction ? Si elle a des doutes ou des incertitudes, elle peut poser les questions aux personnes concernées ou compétentes. Et arrêter son drame intérieur. Ses suppositions. Trop de questions ! Trop de mental !

Revenir l'instant présent. S'ouvrir. S'exprimer. Suivre son instinct. Ressentir.

Ce qui compte c'est elle, son bonheur, sa satisfaction personnelle. Ce qui lui fait plaisir. Peu importe ce qu'elle vit ! Peu importe si la situation peut paraitre compliquée aux yeux des autres, c'est son histoire.

Vivre pour elle ! Elle n'a que cette vie.

Il n'y a pas de lois, de règles, de perfection, de bien, de mal… tout est fonction de ses croyances et de ses valeurs. La normalité n'existe pas. Elle est propre à chacun.

En balayant ce que les autres peuvent penser, non seulement elle se réalise pleinement et, en plus, elle obtient la reconnaissance, l'admiration car elle est.

58. La pensée

Il clôture un chapitre de l'histoire de sa vie. La prise de conscience se termine.

Il est plein d'espoirs, de bonnes résolutions, d'optimisme et il regarde la vie avec confiance.

Il communique autant avec l'extérieur qu'avec son intériorité. Il réfléchit tout en étant responsable de ses pensées. Il communique en mettant de la maturité dans le choix de ses mots et de ses pensées. Il agit ainsi car au fond de son cœur, il reste un petit éclat de blessure qu'il cherche à guérir. Il est obligé de guérir ses pensées pour guérir cette blessure.

C'est l'harmonisation entre ses pensées sombres, d'échecs, de doutes, de peurs et ses pensées lumineuses, de joie, de croyances, de foi, de confiance qui l'aide. Il ne se laisse plus déborder par ses pensées ankylosantes et laisse le positif prendre le dessus. Quand une pensée sombre apparaît, il fouille, il creuse pour comprendre ce qu'il se cache derrière. Alors, il perce ce secret : quelle est cette peur ? Qu'est-ce qui le retient ?

Il fait le tri dans ses regrets. Il ouvre la boîte à archives, y place ce qui n'a plus lieu d'être, la referme. Et se tourne avec résolution vers l'avenir et tout son potentiel. Ce qu'il veut, c'est de la joie, croquer la vie à pleines dents, rire...

Il a encore un petit pas à faire avant d'atteindre l'objectif qu'il s'est fixé. Avant tout il a besoin de son amour à lui. De s'aimer lui. De prendre soin de lui. De laisser la lumière émerger en lui, pour lui.

59. La nouveauté

Nous avons été poussés à nous interroger sur le sens que nous donnions à votre vie : relations, attentes, aptitudes…

Nous nous sommes retirés dans notre grotte et en sommes ressortis avec des idées nouvelles. Comme une introspection forcée. Cette nouvelle conception nous invite soit à mettre un terme à quelque chose (la vie nous dit que là où nous sommes il n'y a plus rien à y faire. La vie nous met devant le fait accompli que là où nous sommes c'est fini, c'est terminé. C'est une fin naturelle, sans conflit, sans rupture. Le nouveau départ nécessite de couper avec des liens du passé. Quelle suite allons-nous donner ?) soit c'est l'apothéose (la récompense d'être arrivés au bout du chemin. La remise du diplôme).

Quoi qu'il en soit, nous prenons conscience de ce qui a de la valeur à nos yeux peu importe le domaine. Et nous protégeons ce domaine-là.

Cela nous a demandé beaucoup d'énergie. Nous pouvons être fatigués, épuisés mais toujours debout ! Ce n'est pas le moment de baisser les bras. Nous y sommes presque.

60. Tenir bon la barre

J'ai rassemblé toute ma force, tout mon courage, toute ma persuasion. Et j'ai fait face au doux leurre. J'ai plié mais je n'ai pas mis le je nous à terre. J'ai des convictions, des principes et des croyances auxquels je m'identifie et j'ai défendu ma position bec et ongle. Si je n'avais pas eu cet idéal auquel m'accrocher, je n'aurais plus rien eu. Je n'ai pas pour principe d'étaler ce que je vis. Et j'ai caché tant que j'ai pu cette blessure.

Je veux mon bonheur. J'y ai droit. C'est une conviction qui me colle à la peau. C'est le moment.

J'assume pleinement mes émotions et ce que je mets en place. Tout est juste. Je suis suffisamment mature et expérimentée. J'ai assez vécu avec ce doux leurre. C'est bon j'arrête ! Basta ! C'est ma résolution.

Pour y arriver : sortir de ma zone du connu. Oser écorcher l'image que l'on a de moi, celle que je renvois. Et l'image que j'ai de moi-même. L'estime, la considération que les autres ont de moi et la mienne.

Tourner la page des mauvais souvenirs.

Wouuuuuuuu ! C'est grisant de changer de vie de manière radicale 😊

61. Elle est amour

Elle est beaucoup appréciée. Ce que l'on aime chez elle ? Sa générosité, sa bonté. Elle n'aime pas l'égoïsme (elle ne le comprend même pas !). Elle ne compte pas quand elle donne. Trop parfois (elle est ainsi !) mais son intelligence, son analyse et l'observation font qu'on ne peut la lui faire à l'envers. Quand on lui en demande trop, elle sait aussi poser ses limites. Elle sait dire stop.

Elle est très solaire, lumineuse. Elle apporte la bonne humeur.

Elle a un côté très médiateur : elle n'aime pas les conflits. Elle aime réconcilier les autres. Elle aime apporter la paix dans la vie des autres. Et elle-même n'aime pas être fâchée.

Elle a un côté enfantin. C'est ce qui fait son authenticité, sa sincérité.

Sa façon d'aimer est presque innocente et très romantique.

Elle voit toujours le bon côté des gens. Elle n'aime pas quand on vient colporter des choses négatives sur quelqu'un. Elle aime voir par elle-même et se faire son propre avis en fonction de ce qu'elle observe. Et si l'autre n'est pas sincère, elle part.

Elle est très à l'écoute.

Elle est inspirante.

C'est une boule d'énergie : joie, bonne humeur, humour, rires.

Elle laisse les autres être qui ils sont, exister, ressentir ce qu'ils ressentent, exprimer ce qu'ils ont sur le cœur : que leur volonté soit faite.

Même si ça ne va pas, même si cela tangue en elle, même si parfois, c'est difficile, elle ne le montre pas toujours et conserve sa joie de vivre. Elle attend d'aller mieux pour ensuite aller vers les autres. Et quand elle explique que cela ne va pas, elle le fait avec beaucoup de bienveillance, avec beaucoup de bonté.

C'est une belle âme.

C'est une chance de la connaître.

J'ai cette chance...

62. Opposition et équilibre

Il peut avoir peur, être angoissé, bouleversé. Mais il arrive à puiser en lui cette force qui lui permet de garder la tête haute. Il craint parfois la peur elle-même. Il laisse vivre ses émotions. De toutes les manières il a les ressources en lui pour les dépasser.

Ces peurs engendrent des pensées conflictuelles, un mental trop présent. C'est un combat dans sa tête. Il résiste au fait d'être happé par sa peur. Il lui oppose une résistance qu'il va chercher dans son cœur. Il confronte ce qu'il vit en essayant de lui trouver un sens et d'être plus fort que la peur elle-même. Et finalement, il gagne. Il finit par maitriser sa peur et en fait une amie. Il transforme cette énergie anxiogène en un allié. C'est un cadeau. C'est une leçon : comment maîtriser l'appréhension ? Eh bien, il y va, il prend le taureau par les cornes.

Il se dresse envers et contre tout, pour défendre ses principes, ces idéaux, ce à quoi il s'identifie. C'est cette force de conviction, c'est la puissance à l'intérieur de lui. Ses valeurs et ses principes sont plus forts que ses peurs. Il les oppose et s'équilibre.

63. Quand les règles du jeu changent !

Quand la nouvelle est fracassante ! Nous restructurer sur des bases plus solides, qui nous conviennent mieux en accord avec la personne que nous sommes à ce moment. Il est important de prendre le temps de reprendre son souffle après cet écroulement. Car c'est une perte, une souffrance.

Dans nos têtes, nous suffoquions. Nous étions prisonniers (de quelqu'un, d'une addiction, d'une situation, de l'auto-saboteur, de l'égo...) de ne pas être qui nous sommes et de vivre selon nos conceptions. Nous nous libérons.

Notre socle c'est la possibilité de bouger, de nous mettre en mouvement à partir du moment où nous savons quelle direction prendre.

Le fruit ne tombe de l'arbre que lorsqu'il est mur.

64. Dialogue avec Lili

- Bonjour Lili. Comment vas-tu ? Cela fait longtemps que je ne suis pas venue te voir. Il est vrai que je te laisse t'exprimer de plus en plus. Et que le dialogue depuis notre rencontre se passe à chaque instant. Là j'ai juste envie de te porter une attention particulière et te laisser t'exprimer. Je sais que toi seule sais ce qui est bon pour moi. Tu as toujours su et tu sauras toujours. As-tu quelque chose à me dire ?

- Bonjour Valérie. Je vais bien. Surtout quand tu laisses s'exprimer ton côté créatif et peu importe le domaine ! Je m'éclate. Je suis toujours si heureuse de parler avec toi. Je te remercie de me porter une attention particulière en cet instant. Tu sais, car nous en avons déjà parlé, que j'ai beaucoup souffert et je me suis sentie abandonnée. Cette blessure est très forte. J'ai été blessée et je ne me suis pas sentie aimée et ce sentiment de ne pas être à ma place…

Je me suis sentie profondément délaissée, incomprise. Mes jouets étaient mes amis imaginaires et je partais souvent dans ma rêverie pour me libérer de ce que je vivais. Comme une fuite… pour oublier que je me sentais seule. J'ai dû apprendre très tôt, trop tôt à me débrouiller par moi-même. Et c'était compliqué. J'avais tant besoin d'être sécurisée, écoutée, de stabilité, d'être dorlotée… par rapport aux choix qui étaient faits pour moi. Ma blessure a été sous-estimée. Je n'ai pas été prise au sérieux. J'ai manqué d'affection et de considération. Un gros manque de sécurité intérieure. Et ce n'était pas la faute de l'enfant que j'étais. C'était aux adultes autour de moi de s'occuper de moi, de se responsabiliser de ma venue sur Terre.

J'ai eu des idées noires à l'adolescence. Ce qui m'a sauvé c'est ce désir de vivre. Cet éternel optimisme.

Même à l'école, je ne me sentais pas à ma place. Avec parfois de la difficulté à comprendre certaines matières. Et dans ces moments-là, je ressentais de la nullité à mon encontre. Beaucoup de dévalorisation par rapport aux autres.

Et je ne me trouvais pas belle. Pas assez ci ou trop ça. Et pour chacun de mes flirts, je pensais souvent que le garçon dont j'étais amoureuse serait mieux avec une autre que je trouvais plus jolie ou plus intelligente. Ce n'était pas de la jalousie mais un grand manque d'estime de soi.

Moi je sais ta souffrance car je suis toi.

Je t'aime tant et je suis si fière de toi car par rapport à tout ce que tu as vécu et malgré ces blessures, tu as réussi à survivre, à t'ancrer et à te stabiliser par toi-même. Il y a une grande force qui émane de toi. Tu es une vraie warrior.

Tu es résiliente. Tu as la capacité de créer tout ce que tu souhaites. Tu as la capacité de t'équilibrer toute seule. Tu as la capacité de remonter toutes les pentes. Tu avances. Tu te sécurises.

Tu as appris à te prendre dans les bras et à te faire des bisous !!! C'est trop top !!! Car je les reçois tes câlins et en plus c'est de l'estime de soi !!

Quand tu as de la difficulté à avancer, ne laisse plus les vieux démons refaire surface, tu es si belle ! Nous l'avons toujours été. Aime-toi, crois en toi ! Libère-toi des attachements néfastes.

Entoure-toi des personnes qui t'aiment et te chouchoutent. Laisse de côté la notion du « je ne mérite pas l'amour ». Il n'y a aucun mérite. Sèche tes larmes et sache que tu es aimée. Les personnes qui te font du mal : « ciao ». Tu as trop souffert. L'amour, oui mais pas à n'importe quel prix. Le véritable amour ne fait pas souffrir.

Ce que tu as vécu n'est pas un échec. Bien au contraire. Tu es victorieuse sur tout ce qui s'est passé. Ecoute-toi, mets-toi en priorité. Prends soin toi. Tu es à ta juste place. Tu es légitime.

Tes guides veillent sur toi. Tu n'as jamais été seule. Je suis là depuis le début et jusqu'à la fin. Je suis ta meilleure amie. Pense à moi.

Et repose-toi…

- Je t'aime tant Lili. Merci. Je pleure sur mes mots…

65. Le pas en avant

Elle a de la volonté et elle est poussée vers un nouveau départ. Qu'est-ce qui la freine et la tire en arrière ? Bizarrement, elle ressent que c'est une chance ! Les énergies présentes la poussent à l'action et à l'intérieur d'elle une porte n'est pas encore fermée. Et cela l'amène à la confrontation : si elle veut passer au chapitre suivant de manière équilibrée, il est important qu'elle ferme cette porte. C'est un constat. Il y a une situation sur laquelle elle n'a pas encore tranchée. Elle est comme dans un sas : elle a un pied dans ce qu'elle démarre et l'autre est encore en arrière. C'est un espace où elle teste, elle voit où elle en est.

Son choix est fait et pourtant sur le plan psychologique, il ne l'est pas !

Le premier pas fut facile à appliquer à l'extérieur. Elle était très motivée par « j'en peux plus », « j'en ai marre », « j'ai envie de ça ». Là où cela bloque c'est, premièrement, le fait d'être détachée et seule dans la décision avec toutes les conséquences et le vivre et, deuxièmement, recevoir de façon naturelle ce qui vient en termes d'énergie. Pour exemple, elle fait le choix de s'ouvrir au monde, de sortir à nouveau, de faire des rencontres, ça c'est le reflet de la prise de décision. La conséquence à assumer, c'est de sortir de son confort, de ses habitudes, de se montrer à nouveau, de rentrer tard, de se lever tôt, d'être invitée, courtisée, de lever la tête du guidon…

Elle se donne ce qu'elle mérite. Oui elle mérite les conséquences du choix qu'elle a fait. Elle mérite de le vivre les deux pieds dedans. Et face aux conséquences, elle les vit seule.

Et quand le popup du passé revient, elle se demande pourquoi ça revient. Des émotions remontent, ça la questionne… pourtant elle a déjà mis une vérité dessus. Inutile de refaire de l'introspection. C'est acté de chez acté. Les dossiers sont clos. C'est juste un état émotionnel. Allez, elle reclôture en conscience.

66. Les émotions

Il n'arrivait pas à se défaire d'une situation. Là c'est stop. C'est fini. Il est prêt à refaire sa vie, à se lancer dans une nouvelle activité, à faire les efforts nécessaires à partir du moment où cela lui fait du bien. Les émotions sont bouleversantes. Il sait qu'il est sur le bon chemin par rapport à tout ce qu'il a traversé : les complications, les difficultés, les montagnes à franchir. C'est grâce à tout cela qu'il sait qu'il va de l'avant. Il est capable de donner et de s'investir pour ce qui lui tient à cœur et les gens qu'il aime. Maintenant il donne quand cela le touche. Il est alors capable de tout ! Il est prêt à s'investir et à repartir à zéro.

Il tourne vraiment une page. Ce n'est pas un nouveau chapitre qu'il écrit, c'est un nouveau livre. C'est grand, c'est fort, c'est très émotionnel. Il prend son temps. Même s'il aimerait que les choses aillent plus vite, il laisse les évènements se dérouler à leur propre rythme. Il prend le temps de ressentir ses émotions.

Pour lui c'est la victoire, le triomphe car il s'en est donné les moyens. Il obtient ce qu'il veut.

Confiance en soi.

Créativité.

Passion.

Il était temps…

67. L'intuition

Je me réveille d'entre les morts. Mes pensées me permettent de réémerger, une nouvelle vision de la vie grâce à tout ce que je ressens, pense, décortique et les démarches dans la matière.

Ce que je veux le plus ? Tourner une page de l'histoire de ma vie. Commencer quelque chose de nouveau. Et que l'Univers reconnaisse l'implication que j'ai mis dans ma vie. Et je veux y arriver. Je clôture un cycle difficile. Toutes les épées reçues m'ont laissé quasi morte. C'est un miracle si je suis toujours debout. Ca suffit de me dire : « Oh mon dieu, comment ai-je survécu à tout cela ? Je suis une pauvre petite victime !» Ce qui m'aide c'est que j'ai les clefs de la nouveauté dans mes mains.

Pour l'instant ma vie sentimentale est mise de côté. Ce n'est pas le moment. Je suis bien. Je suis dans mon idéal. Je réalise mes rêves. Je partage. Je donne à qui veut bien recevoir. J'aime à tour de bras.

Je me libère parce que je me redresse. Je me libère dans mon cœur et dans ma tête. Je vais où je veux, je n'ai pas de contrainte.

Une porte se ferme, une autre s'ouvre...

68. Miroir magique au mur !

La vie l'invite à regarder toutes les facettes de sa personnalité, à ne faire qu'une avec tous les aspects qui la composent. Elle accepte qui elle est ! Elle accueille tout, en comprenant que c'est ce qui fait qu'elle est qui elle est !

Dans le silence, elle prend le temps de se reposer, de recharger les batteries et d'intégrer petit à petit ses nouvelles pensées, pour analyser ce qu'elle vient de comprendre sur elle-même, sur l'acceptation de qui elle est.

Elle se rend justice en accueillant ce changement. Elle ne se précipite pas. Elle mesure chaque pas, chaque décision afin de ne plus revenir en arrière.

Elle se sent triomphante dans la compréhension de cette union de chaque parcelle d'elle-même. Cela réhausse sa propre estime.

Elle revient de loin.

La vie la pousse tout en douceur vers une nouvelle direction. Un nouveau chemin, auquel elle ne s'attendait pas, se dégage.

Elle s'offre la vie qu'elle veut vivre.

69. La voie de l'équilibre

Son cœur est nourri d'une nouvelle manière et s'en porte très bien. Il se sent bien. Il dépasse la notion de sacrifice et se permet de se respecter, d'être dans son cœur et de briller.

Dans sa vie, le ménage continue. Il sent que c'est guidé par son âme. Certains échanges et relations lui prennent littéralement la tête. Il sait que tout ce ménage s'aligne à ses valeurs morales. Tout est juste. Il comprend et en est reconnaissant. Même si au départ, c'est un peu lourd, il est temps de sortir de cette sorte de despotisme à son encontre. Tout ce qui ne lui permet pas d'avancer vers son évolution, tout ce qui est stérile, désertique, il le met de côté.

Toutes les émotions sont réunies pour comprendre toutes ses expériences et lui permettent de faire les bons choix. Même si pour l'instant c'est flou quant à son évolution, il choisit de rester dans la beauté des choses, dans l'émerveillement et la gratitude.

Il se laisse guider pour se libérer.

Il revient sur tout ce qu'il a appris et tout ce qu'il sait. Il s'ouvre vers les autres. L'abondance lui viendra d'une autre manière.

Prendre conscience des choses et les regarder en face, les mettre en lumière lui permet de transformer ces choses.

Il est à la hauteur pour vivre tout ce pour quoi il s'est incarné : sortir de toutes ses croyances et

retrouver qui il est, ce pour quoi il est venu sur
Terre.

Continuer à s'aimer et se valoriser.

Rechercher l'harmonie.

Découvrir qui il est.

70. Pour la première fois de ma vie

Des transformations profondes se profilent dans tous les domaines de ma vie. Cela ouvre sur tous les possibles et de nouvelles compréhensions.

J'approfondis mon intuition. Je vois au-delà des apparences. Et je pense à moi. Je sors des malheurs du monde, des autres, de ce rôle trop impactant de par mon empathie. Je ne suis pas indispensable. Je sors des illusions quelles qu'elles soient. Je mets la lumière sur des zones d'ombre. Moi aussi j'ai porté des masques ! Je me suis mentie, trahie, auto-flagellée, critiquée. Quand je reviens à moi, c'est une réussite car cela permet de fusionner entre moi et moi, ombre et lumière. J'équilibre. Et viennent à moi des relations qui vibrent haut car je suis plus authentique.

J'ai décidé de me prendre en mains, de prendre en mains ma destinée, d'entrer (enfin !) dans la voie du cœur, dans le respect de moi-même, d'arrêter de me laisser influencer.

Et j'écoute ce que dit mon corps, l'appel de mon âme. Nous sommes alliés à présent. Je renforce mes fondations.

Avec amour, je dépose, je laisse partir en douceur toutes les énergies et blessures du passé.

Je me relis à mon « je suis », ma part divine.

Je profite de la vie.

Je suis dans la joie.

Je trouve ma place dans le monde.

Je m'exprime dans mon authenticité pure.

Je deviens la plus belle version de moi.

71. A new woman in town

Elle se sent bien, épanouie, beaucoup de tendresse, d'apaisement avec elle-même. Elle prend soin d'elle. Elle prend du temps pour elle. Elle décide de penser à elle avant tout : égoïsme positif. Elle est auto-centrée. Elle a compris que c'est la clef de son bonheur. Elle donne du sens à son quotidien afin qu'il soit en harmonie avec elle. Chaque décision se fait en fonction d'elle.

Cette stabilisation lui permet de réapprendre à accepter chaque émotion (surtout celles qui font mal), son imperfection et finalement apprendre à se laisser exister tout simplement dans son identité propre. Et elle reprend confiance en elle. Elle est belle comme elle est. Elle n'est ni l'histoire de sa famille, ni celle de son entourage.

Elle écoute son cœur. Elle est en cours d'amour-propre. Malgré les déceptions et les trahisons, elle reste dans la bienveillance envers elle et les personnes qui l'aiment vraiment. Elle continue à diffuser son amour. L'aigreur ne guérit pas le cœur et elle ne veut pas devenir comme celles et ceux qui l'ont fait souffrir. Les gens qu'elle aime ne disent pas que c'est une « femme trop ». Elle continue à donner, à être gentille envers celles et ceux qui sont dans l'amour pour elle. Elle sait que ces personnes-là seront toujours là pour elle.

Elle est unique à tout jamais.

72. La transformation

Il sait ce qu'il y a à arrêter, à lâcher, ce qui n'est plus bon pour lui dans sa manière de faire et de se positionner. C'est intuitif et lié à son expérience. Ce n'est pas une question de découvrir ou de savoir quelque chose. Il le sait déjà. Toutes les clefs sont entre ses mains. Sa vérité est acquise. Maintenant il est important qu'il y mette toute sa conscience.

Il sent aussi qu'il y a des blocages. Une forme de résistance, de stagnation à ces transformations liée à ses peurs : de l'avenir, d'avancer et de ne pas savoir ce qu'il y a derrière.

Les vibrations de transformation n'attendent que lui. C'est à lui d'aller la chercher. Ce sont ces propres blocages qui freinent à la transformation. C'est un rapport de force, une bataille interne. Mais aussi fort que cela va être mis en évidence, dès qu'il le décidera, cela gagnera en vitesse et en force et se résoudra rapidement.

Alors pour lever le blocage, il regarde son égo. Ses réactions sont-elles trop égotiques pour que ces peurs soient encore là ? Il décide alors de le mettre à son service car de son passé, il n'en prend que le souvenir, l'empreinte, l'expérience et la leçon.

Il veut passer à la suite. Il veut aller voir.

73. M'exprimer

Je regarde l'avenir. Parfois j'ai quelques doutes mais mon attitude est très positive par rapport à ma chance et mon destin. Oui il y a aussi des nuages mais j'ai toujours en moi cet espoir qui me pousse vers l'avant.

Les obstacles sont bien derrière moi. Ils sont surmontés. Ainsi que les personnes qui n'étaient pas dignes de confiance. J'ai une force batailleuse qui m'amène toujours vers mes émotions. Cette force me permet de les libérer : je m'autorise à être en colère, à dire ce que j'ai à dire et laisser exprimer tous mes sentiments.

La goutte d'eau a fait déborder le vase. Il est même juste et bon qu'il déborde. Non seulement pour moi mais pour la personne en face qui abuse.

A m'exprimer, je retrouve des relations « normales » et équilibrées.

Et je récupère mon pouvoir.

74. Ralentir

Elle en a assez de cette brutalité qui entoure le monde. Elle ne veut plus être touchée par tout ce qui est lourd et négatif. Cette forme d'agressivité, de tension l'ennuie. Ca l'énerve même ! Ras-le-bol !

Alors, elle se referme un peu sur elle. Pour se protéger. Pour se retrouver. Pour être entre elle et elle. S'isoler du monde en interne. Elle est dans sa grotte. Elle a besoin de se retrouver et de vivre juste pour elle, rien que pour elle. Elle a besoin de lumière, de joie, de poésie, de délicatesse, de douceur. Et la seule façon, pour l'instant, de les retrouver est de se refermer sur elle afin de revenir plus proche des autres. A l'extérieur, elle donne l'impression d'être ouverte, dans le côté social et sociable. Même ceux qui la connaissent ne le remarquent pas. Par intelligence, pudeur, parce qu'elle est secrète, elle n'aime pas que l'on voie ses frustrations, ses peines, ses douleurs…

Ralentir le temps. Elle écoute ce qu'il se passe au cœur de la terre. Ralentir afin de respirer. Ralentir pour être bien avec elle. Elle a besoin de cela pour pouvoir avancer. Elle vit par rapport aux palpitations de ses émotions, de la terre et de ses rêves.

Cette période de pause intérieure lui fait du bien. Cela ne va pas durer longtemps. Juste le temps de s'apaiser, d'être plus sereine. La suite sera très positive par rapport à ses émotions, ses décisions. Tout ce qu'elle a appris lui est et lui sera utile. Elle prendra ses bagages pour avancer plus vite et moins trébucher. Son passé est devenu son ami. Et la vie s'allège.

Prendre le temps.

Ne plus avoir peur.

S'éloigner un peu des autres.

Se reposer pour se retrouver.

Pour retrouver la lumière dont elle a tant besoin.

75. Compréhension, acceptation, libération

Il était en résistance et puis, il n'a plus eu le choix. Il n'a pas pu faire autrement que de s'exprimer et de se révéler. En y faisant face, il s'est affirmé, s'est libéré pour provoquer les changements. C'est un grand bouleversement ! La vraie résistance était face à l'appel du bonheur. Il a compris en se libérant. Pour lui le bonheur n'existait pas, il ne le « méritait » pas, comme un non-droit. Il reconnaît qu'il était constamment appelé à souffrir, qu'il s'était mis en retrait, avait fermé des portes... Il sort de cet espace de douleur, de solitude, d'enfermement, d'autopunition, de restriction, de limitation. Il est arrivé au bout. Il a nettoyé tout ce qu'il y avait à nettoyer. Il dépose ses casseroles de souffrance devenues bien trop lourdes et bruyantes.

Son parcours initiatique l'a emmené jusqu'à cette maturité dans l'acceptation de ce qu'il n'avait pas compris. Cette incompréhension dans laquelle il s'était enfermé.

Il fait le choix de se diriger vers la vie, vers le soleil, vers le meilleur. Il avance dans la concrétisation de ses rêves. Il saute de la falaise. Ras-le-bol de se retenir. Il s'écoute.

A présent, il transmet qui il est. Et ce qu'il vibre en son cœur. Déverser. Enrichir. Révéler. Se sentir bien, aimé, entouré des personnes qui lui portent de l'amour, de l'attention, de la reconnaissance.

Aujourd'hui il est capable de se positionner, de prendre des décisions avec fermeté pour avancer vers la vie, la joie, la festivité.

Il se reconnait enfin comme quelqu'un d'important : il se valorise, se met en avant et se priorise.

« Quand nous ne sommes plus dans la résistance, les portes s'ouvrent ».

76. La différence

Je me sens très équilibrée dans mes énergies. Que ce soit sur le plan émotionnel, dans ma façon d'agir ou d'aborder les situations qui se présentent. Aucun pan de ma vie ne prend le dessus sur l'autre. Et cela me permet d'avoir une grande force intérieure. Je passe sur beaucoup de choses, non que je sois je-m'enfoutiste, c'est de la résilience, j'accepte les choses même si elles ne vont pas dans mon sens… ça coule…

J'oriente et j'utilise cette énergie pour moi, dans tout ce que je fais et ce qui m'entoure. Cela me permet d'être très attentionnée et d'aborder les choses de manière très pragmatique.

Tout ce que je vis m'amène à avoir le cœur encore plus ouvert, compatissant envers moi et les autres. Je peux être en compassion sans que cela m'envahisse. C'est salvateur et reposant. Je peux aller vers la tourmente des autres sans en être phagocyter.

J'écoute mes intuitions afin de ne pas retomber dans mes travers. Je tourne le dos aux habitudes. Si mon bonheur se trouvait ailleurs, je serais dans cet ailleurs.

Je suis différente aujourd'hui.

77. Chaque jour est une victoire !

Il n'y a ni grandes ni petites victoires ! Il n'y a que des victoires. Cela dépend surtout de l'importance que nous lui donnons.

Chaque jour nous pouvons nous unir avec soi, faire des choses pour soi afin de réussir à combler nos besoins dans le présent : « Aujourd'hui j'ai réussi ça », « Aujourd'hui j'ai compris ça », « Aujourd'hui je me suis respectée/respecté », « Aujourd'hui, j'ai pris du temps pour moi », etc. C'est une victoire de l'engagement. S'apporter un certain confort. Le confort des pensées aussi. C'est le va-et-vient incessant de nos pensées qui nous disperse. Surtout les pensées limitatives, bloquantes, dévalorisantes vis-à-vis de soi. Il est important de trouver chaussure à son pied dans son confort intérieur. Si nous sommes confortables dans notre intérieur cela va se déverser dans l'extérieur.

Se lancer sans réfléchir ? Savoir reconnaitre son art ? Le mettre en avant ? il n'y a qu'en mettant le pied à l'étrier que nous allons pouvoir l'ancrer dans la réalité. Plus nous allons reconnaitre notre art, et plus nous allons connaître une satisfaction vis-à-vis de soi : « Oui je suis différente/différent et aujourd'hui je l'assume ». L'art c'est ce que nous savons faire. C'est votre identité. Ne cherchons plus à correspondre à ce que l'extérieur attend de nous. L'adaptabilité a ses limites. Qu'avons-nous accepté sous la contrainte du faire ? Affirmons-nous ! Positionnons-nous ! Cela explose tous les enfermements du mental. Sortons de l'obéissance d'un relationnel ou de soi : le « je dois faire ». Et c'est libérateur.

En étant en paix et dans la vie (de l'importance de célébrer nos victoires du quotidien), cela permet d'ancrer l'abondance que nous représentons. Et de ce fait, constater qu'il y a de l'abondance.

Respirons entre chaque victoire afin de la poser dans la matière. Le constat est important. C'est ce qui nous fait avancer. Plus nous prenons cette habitude et plus la synergie de l'abondance va fonctionner.

C'est magnétique !

Expérimentez... et constatez par vous-même

78. Le sentiment de solitude

Elle se purifie de manière importante : elle s'écarte d'anciennes énergies, relations, situations pour se permettre de se métamorphoser, de s'envoler. D'où la nécessité de se retrouver seule avec elle-même. Elle s'éloigne de relations futiles, superficielles, sans lendemain, vouées à ne pas aboutir, qui n'apportaient rien de bon et de beau... où réciprocité, confiance et respect n'existent pas. De ces relations où l'autre se sert en premier et se fiche des états d'âme de l'un.

Cette solitude n'est pas vécue comme quelque chose d'imposant, de lourd, de forcé. Elle lui est indispensable et nécessaire pour épurer. Cette solitude lui apporte un renforcement et une appréciation de se retrouver avec soi. Elle accepte sa solitude avec douceur. La solitude est la préparation à l'envol.

C'est aussi la phase de nettoyage. Elle pleure. Ces sanglots ne sont pas accompagnés de tristesse. C'est sa lessive interne. Elle nettoie les vibrations qu'elle a reçues, subies, supportées et qui ne sont plus du tout adaptées à ce qui l'attend. Et même si parfois elle trouve cette solitude injuste, elle sait que c'est pour ramener la paix dans son existence. Se mettre en accord avec elle-même pour plus de fluidité, plus de légèreté et s'envoler. Cette transformation intérieure lui ramène la paix. Elle se régénère. Elle quitte la nonchalance pour retrouver force, bonheur, joie, ancrage, chance, espoir… Quel joli pied de nez à la vie !

79. Masculin sacré

Le masculin clôture un passé lourd, pesant et qui fut long, très long. Il l'enferme, l'archive et ne reviendra plus dessus.

Il se recentre sur ses ressentis, sur l'ouverture de ses sens, de son émotionnel. Il a envie de communiquer, de s'exprimer, de partager de cœur à cœur. Et il sait que cette communication l'enracinera et lui permettra de prendre une direction.

Il devient plus fort, plus stable, plus mature avec plus d'aplomb et il se guérit.

Il est en pleine transformation. Il s'éloigne de tout ce qui pouvait être sombre. Il est conscient qu'il n'a pas toujours agi de manière correcte. Il a l'espoir d'être reçu avec bienveillance par rapport à l'évolution de son comportement (hypocrisie, mensonge, trahison, manipulation). Que cette évolution soit reconnue. Comme célébrée. Il revient de loin. Du point du presque non-retour.

Il avance vers l'abondance, la prospérité, la chance. Son chemin s'éclaire.

Il a cette volonté de construire autre chose. Il a perdu de sa superbe (beau parleur, belle parole…). Autre chose prend forme, de plus concret, de plus centré sur lui. Il se révèle authentique. Il aime toujours briller mais de manière différente : de l'être et non plus de l'avoir.

Il espère qu'au moment de se retrouver devant sa féminine, il taira ses peurs. Peur qu'elle ne le reçoive pas dans le bonheur. Peur qu'elle le mette à l'écart. Peur de ne pas être accueilli dans l'amour. Peur de ne pas être reconnu comme le masculin. Peur d'être rejeté. Peur de la perdre. Peur qu'il soit trop tard. Peur de ne pas être à la hauteur. Calmer son mental...

Le Masculin peut avoir confiance en sa Féminine. Elle a conscience de la valeur de la relation avec Lui. Le rêve est identique. Son étoile est toujours là. La garder à vue.

Il est temps de revenir à l'amour. L'amour existe. Juste lui offrir et avancer, ensemble, vers notre bonheur.

80. Être pour avoir

Qu'est-ce qui nous freine ? Notre capacité à nous aimer ? La non-reconnaissance de notre propre valeur ? Le manque de confiance ? Pourquoi, parfois, n'arrivons-nous pas à nous apporter le changement tant attendu ? Un défaut d'estime de soi ? Ou cette reconnaissance dans le regard de l'autre ?

Quand nous retrouvons l'estime de soi, nous retrouvons le goût d'avancer.

Ce que nous avons ancré de néfaste dans la matière, il est important maintenant de le couper (gardons toujours en tête que lorsque l'on coupe, on récolte). Ce que nous vivons est ce qui a été répétitif dans notre vie (état d'esprit, comportement, vision de la vie). Prenons le temps pour transformer ce qui a pris racine dans ce qui nous a plus desservi qu'élevé. Nous pouvons aller jusqu'à perdre confiance dans la nourriture de la vie. Nous endossons des comportements qui sont liés à des croyances où la réussite, l'amour, etc ne sont pas permis. Nous avons cultivé ces comportements de manière inconsciente à la suite des aléas de la vie et nous n'avons pas su les dépasser. Nous nous sommes laissé entrainer dans le non-contentement, la désolation : « Je n'ai pas le droit d'être heureux », « Je n'ai pas le droit au bonheur, à la joie, aux plaisirs »… comme une utopie. Et nous avons fini par y croire. Par des actions ponctuelles, nous avons cru que cela changeait. D'où l'importance et l'urgence de prendre le temps afin d'aller plus loin, plus haut face à l'adversité de cette réalité. Et d'y poser un autre regard.

Quand nous avons l'impression que des situations stagnent nous donnons-nous vraiment les moyens de faire bouger les choses ?

C'est la volonté et la détermination qui font la différence. Ce n'est pas sur un instant que l'on va changer tout ce que nous avons accumulé pendant des années. C'est une discipline quotidienne : prise de hauteur, optimisme, lumière, ouverture, confiance… Se dire : « Aujourd'hui est une belle journée ». Et au cours de cette journée, s'autoriser à vivre quelque chose de bon, de beau, de nourrissant. C'est ainsi que la transformation prend effet.

Rappelons-nous que nous sommes les créateurs de ce que nous subissons. La vie nous renvoie en miroir ce que nous pensons, ce dont nous sommes convaincus.

Alors, quelle est l'inconfort à notre bonheur ?

Le découvrir et faire le premier pas.

Chaque jour un pas en avant.

Constance et régularité.

81. Rester jusqu'au miracle

Je suis seule sur mon chemin. Ce chemin, personne ne le fait à ma place. Alors j'avance, avec l'intention de ce que je désire. Ma seule présence suffit. Tout est déjà là : inspiration, intégration, direction. J'ai foi en mon destin, en moi. Cette foi me permet de poursuivre mes rêves. La concrétisation de mes rêves éveille de nouvelles émotions, un nouvel état d'esprit… non pour me freiner dans mon élan mais pour être gérer et recycler afin de m'en libérer et de continuer. Et si, à nouveau d'autres émotions/état de conscience surviennent, eh bien, ils seront gérés et recyclés à leur tour ! Ce qui ressort est là pour être mis en lumière et libéré. Ce n'est en aucun cas pour stopper mon élan ! Au contraire ! Accroche-toi bien et continue.

Je prends conscience que pour initier dans la matière, j'ai vibré le courage, l'inspiration, la motivation, le « j'ose me montrer »… Cette vibration m'a permis de me rencontrer à un nouveau stade. Je me suis mise à la hauteur de cette vibration pour créer la vibration extérieure à mon expérimentation.

La rencontre avec une part de moi dans cette situation est une force.

Comme dans un jeu vidéo, j'ai déjà commencé le niveau supérieur… Je veux aller jusqu'au bout et peu importe le résultat. Je suis parée pour la suite.

82. La richesse

Pour attirer à elle l'abondance, elle sait qu'il est important de vibrer la plénitude dans l'instant. Ce n'est pas toujours facile. En effet, souvent, elle se projette ou elle est dans l'attente de. Serait-elle dans l'envie d'une richesse qui appartient à une autre personne ? Serait-ce cela qui la bloque pour trouver sa propre richesse ? Ou pour reconnaître ce qu'elle a déjà ? De quoi a-t-elle vraiment besoin ? A-t-elle peur de créer des jalousies ? A-t-elle peur de l'image de la richesse ? Pourtant la richesse revêt tout type de costumes.

Elle essaie du mieux qu'elle peut d'apprécier ce qu'elle a. Pourquoi ? Parce que c'est la meilleure manière d'attirer à elle tout le nécessaire à ses richesses intérieure et extérieure. C'est d'abord reconnaître le joyau qu'elle est qui va lui permettre de poursuivre son élévation et ensuite poser des intentions claires et objectives sur des valeurs de gains.

Quelle destinée va-t-elle choisir : être spectatrice ou prendre position et traverser le pont ?

Arrêter de projeter des manques.

Ne plus écouter les résistances.

S'ouvrir à la vie.

Se choyer.

Créer ses propres situations de bien-être : chaleur, douceur, réconfort, plénitude, satisfaction, confiance.

Se mettre en accord avec elle-même.

Dans le flux de sa richesse.

Dans la vibration du plein.
Et assumer vouloir construire haut, grand et puissant.

83. Les liens

Le plus difficile n'est pas de savoir, c'est de passer le cap. Pour passer ce cap, il est primordial que ses choix soient sûrs. Qu'il se positionne.

Il se perd parfois dans ses connections célestes. A-t-il perdu le sens de son incarnation ? Est-il trop connecté dans la reconnaissance de lien d'âme ? Se rend-il compte que ce n'est absolument pas le reflet de ce qu'il vit dans son incarnation ? Car c'est bien sur ce plan terrestre qu'il doit faire des choix. De l'importance de redescendre sur le plan incarné. Les choix doivent être fait dans la matière et non dans la projection de « je suis relié, je suis connecté, j'ai reçu telle information… ». Même l'âme peut se tromper dans ses choix…

Sur son plan vibratoire, son plan de conscience et sur ce qu'il a compris, il ne peut entraîner l'autre. S'il le fait, cela crée une attente. En effet, quand il est dans l'attente que quelqu'un change, (parce que lui a compris quelque chose et souhaite l'emmener dans cette compréhension), cela génère toutes les dépendances des manques. Il est important qu'il revienne dans cette espace d'évolution pour lui.

Après quoi court-il ? La famille ? Le couple ? La réussite ? Quelle famille ne reconnaît-il pas aujourd'hui ? Celle qu'il forme avec lui-même ? Quel couple ne reconnaît-il pas aujourd'hui ? Le couple intérieur qu'il porte dans l'amour inconditionnel ? Et quelle réussite aujourd'hui ne voit-il pas chez lui ? Qu'attend-il de recevoir qu'il ne se donne pas lui-même ?

Se détacher des souffrances et de la dépendance en sortant des schémas passés. La souffrance est là pour le libérer non pour l'enfermer. Et poser une conscience sur les liens et les bénéfices cachés de ces liens.

La roue ne tournera que s'il décide qu'elle tourne. Tout part de l'incarnation…

84. L'utilité

Nous sommes sur notre chemin d'évolution et nous acceptons de laisser partir les croyances, les pensées, les peurs, les personnes. Nous faisons nôtres les leçons et décidons d'avancer avec : la prochaine fois nous ferons de manière différente. Nous ne pouvons pas toujours être la personne qui se met en danger, qui fait tous les efforts pour aider l'autre. Nous entrons dans une forme de lâcher prise : aider c'est bien, trop aider non. Et tant que nous aurons toutes ses personnes à tirer, nous ne pourrons pas y arriver. Alors ne nous mettons plus en difficulté : si nous pouvons aider, ok. Si ce n'est pas possible, alors non. Aider c'est se sentir utile. Mais utile à qui ? Aux autres ? Soit ! Sommes-nous utiles à nous-même ? Pour notre évolution ? Cela nous permet-il d'avancer ? Non puisque nous sommes ralentis par toutes ces personnes. Et nous y laissons beaucoup d'énergie car parfois nous ne faisons pas la différence entre ceux qui ont vraiment besoin d'aide et ceux qui jouent la comédie. Se délester des fardeaux.

Le fait de réajuster les choses permettra d'entrer en relation avec des personnes plus saines, sérieuses et vraies. De celles qui ont envie d'avancer, de construire, de partager. Qui respirent la vie !

85. Le mensonge

Je suis persuadée d'une chose : je me mens ! Bon ça, c'est fait ! La conscience est posée. Cette vérité devient trop lourde pour continuer à la porter. C'est lié à mes croyances. La solution ? M'engager vers une nouvelle construction. Je ne peux plus m'appuyer sur ce qui a été. C'est ce qui me nuit aujourd'hui. Certains rêves ne sont plus au goût du jour. Ils ne me nourrissent plus. Il est temps d'accepter l'union avec le nouveau. Que la nouvelle vérité m'éclaire ! Qu'elle fasse jour ! Ne plus me taire ! Il est si facile de me mentir pour me persuader du contraire afin d'éviter d'être bouleversée. Ne toutes les façons cela ne m'apporte plus ce que j'attends. Ce n'est plus possible. J'ai beau fournir des efforts, cela ne fonctionne plus. La solution est donc bien de sortir de ce cercle vicieux.

Je pose une fin.

Je m'engage dans ce nouveau passage.

Pour l'instant, je suis en transition.

86. Le grand retour

Certains la voient chaleureuse, bienveillante, mature, douce. Comme celle qui égaie la vie. Ce genre de personne qui, lorsqu'elle passe quelque part, vibre de telle manière que l'on se sent en confiance. Il y a « un je ne sais quoi » à l'intérieur d'elle qui fait que plus on la connaît plus elle a mieux que ce qu'elle montre en réalité. Elle a tendance à se cacher : ne pas trop en faire, ne pas trop en dire. C'est ce côté mystérieux qui attire. Elle n'aime pas faire du bruit. Comme une simplicité qui attire. Une manière de fonctionner qui plaît. Alors pourquoi passe-t-elle son temps à se cacher ? A se dire qu'elle n'est pas « assez » ?

A mesure qu'elle avance, les vibrations changent. Cela lui permet de rattraper son retard. Elle a refusé de mettre en place certains projets. Elle a ralenti la cadence. C'était sa propre volonté. Elle a adopté ce positionnement avec certaines personnes qui étaient dans l'abus (projection des peur, doute, échec, médisance, trahison, mensonge sur elle). Elle n'aime pas les bla-bla. Ceux qui parlent pour ne rien dire.

Après avoir gardé son rêve pour elle, là elle est prête à rebouger les pièces de son échiquier. Elle va où ses désirs la mènent. Focus sur son évolution. Elle sait que la vie met sur son chemin les bonnes personnes, au bon moment, au bon endroit !

87. Tout lui dire

Il espère que ce pas en avant ne soit pas vain : ni perdre son temps, ni s'illusionner. Il est déstabilisé à l'idée de lui parler. Il ne sait pas se situer par rapport à ce qu'il ressent. Comme un décalage. D'un côté, il est mal à l'aise à l'idée de se rapprocher et d'un autre, il est mal à l'aise à l'idée de continuer sa route comme si de rien n'était. Il est mal à l'aise car il craint de prendre un mur et en même temps, il se dit que cela peut fonctionner. Il a cette impression que tant qu'il ne lui dira pas ce qu'il ressent, il risque de ressentir un mal-être. Il n'a pas envie de passer toute une vie dans cette position, ce n'est pas agréable. Plus le temps passe et plus il sombre et se fait du mal. Il en a marre de se prendre la tête. S'il existe une toute petite chance pour que cela bouge, il est bon d'essayer. Il voudrait s'apaiser, se sentir mieux à l'intérieur.

Il ne sait si cela va lui faire plaisir et comment elle va réagir. Si le voir va changer la donne. Elle n'aura pas forcément envie de reprendre la relation, elle n'aura pas forcément envie d'échanger sur ce qu'il s'est passé. Il aurait presque envie de se faire blâmer. Elle aussi a des choses à dire : elle n'a rien compris à ce qu'il s'est passé, elle n'a pas eu d'explication.

Il y a des choses qu'il n'avait pas prévues, des situations qui lui sont tombées sur la tête. Il avait de la difficulté à voir la porte de sortie. Il a l'impression d'avoir toujours mal fait, d'avoir choisi le mauvais camp, les mauvaises personnes, et plus le temps passe et plus cela se confirme. Il a la sensation de toujours tomber sur les mauvaises personnes qui l'empêchent d'être bien. A chaque fois qu'il peut vivre quelque chose de bien, ça tombe à l'eau. Il pense que c'est son karma. Que parce qu'il a mal agi avec elle, ces situations complexes arrivent dans sa vie. Elle est la seule personne de qui il ne s'est jamais méfié. Le choix paraissait simple, évident mais il n'a pas su le faire. Esquive. Il était focalisé sur le matériel, le financier et il ne l'a pas vue comme une personne avec qui il pouvait avancer. Il n'était pas sur la même longueur d'onde qu'elle. Et là il s'aperçoit qu'il avance avec des personnes qui veulent ce qu'il a construit. C'est pour cela qu'il réalise que c'était une chance de l'avoir à ses côtés. Elle le ramenait toujours sur terre et lui disait de regarder son entourage. Il n'a pas voulu écouter. Seuls les objectifs comptaient : se battre pour que tout le monde soit bien. Mais là il réalise qu'il s'est oublié.

Il a l'impression que s'il veut voir sa vie changer il est obligé de passé par elle : comme un passage obligatoire. Sinon il va continuer de sombrer. Elle est sa carte chance. Quand elle n'est pas là cela ne fonctionne pas aussi bien.

Il va la contacter même s'il craint d'entendre des paroles qui peuvent le secouer. Il sait qu'à partir du moment où cet échange aura lieu, il se sentira mieux. Et même s'il doit s'en prendre plein la figure il a besoin aujourd'hui de tout lui dire. Il a perdu trop de temps.

Il espère qu'elle est encore dans l'envie de marcher avec lui. Qu'elle ne lui tournera pas le dos. Qu'elle ne lui demandera pas de se remettre en question car la remise en question est déjà faite.

88. Le probable

Il nous est tous arrivés de nous retrouver face à des situations improbables. Ces situations nous ont aidées à visualiser notre objectif, être plus présent à soi, ouvrir les yeux sur notre personne, réaliser ce que nous avons construit et construisons et les capacités que nous avons de le faire. Souvent nous nous ralentissons, nous nous empêchons de faire, de vivre. C'est nous qui créons l'improbabilité. Là il est temps d'y aller. Si nous voulons l'abondance, il est important de le décider.

Pour certains cela va plus vite dans la tête que dans la réalité. Et c'est là où il est important de maîtriser ce qu'il se passe à l'intérieur. Les situations qui prennent du temps à se mettre en place, à se manifester, ne sont pas là pour nous faire du mal, mais juste pour apprendre à dompter notre impatience. Restons attentifs à ce qu'il se passe autour de nous et non à ce tumulte à l'intérieur qui nous empêche de voir que les choses bougent.

Rappelons-nous que nous sommes tous en voyage alors profitons de ces moments où il ne se passe pas grand-chose. Ces moments nous permettent de nous mettre en accord avec nous-même afin de savoir ce que nous voulons faire par la suite et quel chemin nous souhaitons emprunter. Oui nous aimons quand ça bouge, quand tout va vite et que nous n'avons pas le temps de penser. Mais ce temps de pause est nécessaire pour prendre conscience de tout le chemin déjà parcouru et de tout ce qui va arriver. Se pauser est une chance. Tout au long du voyage nous emmagasinons des connaissances. Cette pause et ce calme intérieur nous permettent de mettre en lumière nos qualités, de faire les bons choix, de sentir les situations arriver vers nous, de nous reconnecter à notre propre personne, de mettre les choses en place et de regarder où nous allons.

Apprécions le voyage.

Lâchons le contrôle.

Gardons confiance.

Tout se met en place 😊

89. La condamnation

Je suis morte/vivante. Dans cette condamnation à ne pas vivre l'amour, je me suis laissé mourir. Toutes les énergies de joie sont devenues très compliquées car une part de moi est éteinte. J'ai soufflé sur la bougie de l'amour. Je n'arrive plus à reconnaitre mon besoin d'amour. Je ne crois plus à ce cadeau. Comme si j'avais perdu ce lien de réception. Un sentiment d'abandon. Je n'arrive plus à être en lien avec la vie. J'ai abandonné jusqu'à l'idée même de recevoir. J'ai perdu la reconnaissance de la femme dans l'amour : être aimée, respectée, honorée. La femme en moi est morte dans tout ce que représente l'amour.

La trahison, la dévalorisation m'ont anéantie. Alors oui cela a réveillé des choses à l'intérieur. Mais cette force est encore trop passive. Il y a une partie de moi que je ne veux pas voir. Il y a une image de moi-même à révéler.

Je porte la honte de ce que je n'ai pas pu réussir dans l'espace de l'amour. Je porte la culpabilité alors que je suis innocente. Les ennemis sont au foyer…

Ce n'est qu'à travers l'amour que je vais guérir.

Alors, après une phase de déni, je reviens dans la dynamique : je ne sais où je vais mais j'y vais. Je choisis la joie, l'amour. Je cesse de nier mon désir d'amour, de me sentir aimée, respectée, considérée.

Je craque une allumette et remet de la lumière dans mes désirs de femme.

90. Mère/ Femme

Elle porte la vibration de la mère universelle. Celle qui nourrit. Cette vibration est représentée par vouloir prendre soin de. C'est un besoin primaire chez elle. Faire en sorte que les autres se sentent bien, aimés, compris, reçus dans ce qu'ils sont. Avec cette vibration, ce n'est vraiment pas facile pour elle de distinguer son rôle de mère et son rôle de femme. Il y a une confusion sur les deux. Dans les relations qu'elle a pu vivre, elle s'est très souvent retrouvée dans ce rôle de mère. Toujours à vouloir aider, porter, choyer. Elle veut que les autres soient heureux et elle, elle peut apporter cette part de bonheur. Cette vibration est ancrée en elle. C'est une très belle vibration. Mais elle ne peut plus l'utiliser pour rendre heureux l'autre comme s'il représentait l'enfant. Car cela veut dire qu'elle considère l'autre comme un enfant : dicter ce qu'il doit faire, à lui faire comprendre ce qu'elle sait... Et dans la relation de couple, cela ne peut fonctionner. Quel enfant cherche-t-elle à sauver ? Car en face d'elle, ce sont des adultes. Elle a de la difficulté à poser ses limites car elle se comporte comme une maman. Elle a de la difficulté à renvoyer l'autre à ses responsabilités par peur de blesser et/ou de perdre. Et elle empêche l'autre de devenir adulte.

Une maman a la capacité de pardonner beaucoup de choses à ses enfants, de nourrir son enfant d'un amour inconditionnel... Elle agit de la même façon avec les hommes. Ils utilisent cet amour et jamais ne le renvoient pour être partagé dans l'équité et la justesse. Dans quelle relation a-t-elle été jusqu'à présent : mère/fils ou femme/homme ? Qu'accepte-t-elle en tant que mère qui serait inacceptable en tant que femme ? Que supporte-t-elle en tant que mère, qu'elle aurait libérer en tant que femme ? Qu'entend-elle en tant que mère alors qu'en tant que femme ce serait tout simplement impossible ? Et cela vaut pour toutes les relations...

Elle pose le constat de ce que la femme veut et non de ce que la mère cherche à recevoir. Si elle reste dans la position de la mère universelle, elle oublie son identité de femme. Il devient urgent de dissocier les deux. Comment se comporte-t-elle aujourd'hui dans ses relations ? A-t-elle le respect des besoins de la femme qu'elle est ? Ou essaie-t-elle de combler les besoins de la mère qu'elle est ?

Elle ouvre les portes de tout ce qui lui manque dans l'espace de la femme. De tout ce qui n'a pas été reconnu. De tout ce qu'elle n'a pas pu exprimer dans ses besoins de femme. Avant d'être une maman, elle est une femme.

Aujourd'hui, elle reprend sa place : elle est une femme avant tout...

91. Et la vie change…

Tout s'éclaire. S'améliore. Il est au bout du chemin. Il savoure. Il est fier de lui. Ca fait tellement longtemps qu'il attend de récolter le fruit de ses efforts. Il a essayé des tonnes de façons de faire, il a bataillé pour que cela progresse. Il a presque de la difficulté à y croire. Le contre-coup. En réalité, il ne pensait pas pouvoir y arriver. Il a douté tant de fois. Et là ça se fait ! c'est comme un moment déconcertant car il réalise que ça se met en place pour de vrai et ça fait bizarre… il se surprend lui-même. Il réalise qu'il n'avait pas compris que c'était possible. Que tout ce qu'il a en tête est plus que réalisable : juste décider de chasser ses peurs.

Il n'a jamais réellement cru en lui et là la vie lui montre que, malgré tout, tout se concrétise.

Il est heureux. Il s'accorde un temps de repos. Inutile de s'inquiéter. Pour les autres projets, il connaît le chemin à présent : doutes, peurs… il en rigole !!

Plus rien ne sera comme avant.

Retour à la stabilité.

92. Droit au but

Quand nous avons un projet qui nous tient à cœur, quelque chose que nous désirons pour de vrai, allons droit au but ! N'attendons plus que cela vienne de l'extérieur ou de recevoir pour faire ou pour avoir. Positionnons-nous dans la vibration de l'avancée. Et plus nous serons dans cette vibration, plus nous enclencherons le point direct vers notre but. Plus nous sommes clairs, plus ce sera facile à manifester. Cessons de tourner en rond, de tergiverser. Restons alignés et n'en dérogeons plus car c'est cela qui fatigue : un jour oui, un jour non. Unissons-nous au but.

Si nous sommes conscients de nos résistances, n'y donnons pas plus de poids. Les vents contraires ne sont que passagers. Ne donnons plus de pouvoir à l'extérieur et au temps. A un moment donné le « ça va arriver » n'arrive plus. Donc c'est à nous de décider.

Il peut y avoir des freins mais nous ne sommes pas obligés de les prendre comme un ralentissement. Cela peut être bénéfique pour certaines réflexions ou pour adapter certaines stratégies ou comportements (forces et faiblesses).

Et là nous commençons à créer une vie qui nous ressemble, à notre image.

Il n'y a pas d'avenir autre que celui que nous créons. Nous avons un réel pouvoir sur notre création. Le tout est de rester dans la conscience de ce pouvoir que nous possédons. Plus nous sommes en accord avec ce que nous vivons, plus nous pouvons nous expanser. Ce n'est pas de la magie : c'est nous ouvrir à la vie tel que c'est possible aujourd'hui et non tel qu'elle nous est contrainte.

La force du guerrier c'est d'avancer avec la réalité. Ne donnons plus de poids à quelqu'un qui jette un caillou dans notre jardin. Décidons d'aller vers notre bonheur : que voulons-nous et que désirons-nous vivre ? Dès que nous sommes authentiques et sincères avec cela, le chemin s'éclaire.

Rien ni personne ne peut nous empêcher de créer notre existence et d'aller vers notre but.

93. Je t'aime

Je me sens bien avec toi. J'aime ta façon d'être et de fonctionner avec moi. Ta façon de me regarder. De me donner la main. Je ressens ton amour. Ton cœur bat pour moi et ça me fait du bien. C'est ce dont j'ai besoin. De savoir, de comprendre et de voir qu'une personne peut m'aimer.

Tu me donnes cette envie de clôturer une page. Tu me donnes cette envie de partir pour du nouveau.

Je n'ai jamais eu cette sensation que l'on m'aimait vraiment. J'ai l'impression que c'est la première fois que je ressens ça. Je ne sais pas pourquoi tu m'aimes. Je ne sais pas pourquoi je me sens si calme, en confiance et apaisée avec toi. Tu arrives à me faire oublier ce qu'il y avait avant. Le passé n'a plus lieu d'être. Tu me montres que c'est encore possible.

J'ai envie d'essayer. J'ai envie de voir ce que ça fait de vivre avec une personne qui m'aime aussi fort. Qui est prête à tout pour la relation. Je réalise que c'est ce qu'il me faut. J'ai vécu beaucoup de choses jusqu'à présent, construit pas mal de choses aussi mais je n'ai jamais ressenti ça. Personne n'a été en mesure de me renvoyer autant d'amour. Et toi, tu le fais avec une telle facilité. Par moment c'est déconcertant. Au début, j'ai douté. Je me suis demandée si c'était sincère. J'ai pris beaucoup de temps avant de me décider, avant de savoir si je faisais bien, s'il était bon pour moi de partir avec toi. Et aujourd'hui, je réalise que mes masques tombent les uns après les autres. J'ai envie de vivre plutôt que de me poser 36 questions. Et toi, peu importe ce qu'il se passe, tu restes toi.

Je veux avancer avec toi. Je veux que l'on vive cette relation et laisser derrière tout ce qui pourrait nous ralentir.

Tu m'aides à réaliser que la vie peut encore être belle.

Alors, prends ma main et partons.

94. Ne pas savoir pourquoi

Quelque chose la titille... quelque chose la pousse à aller dans une direction... et si elle s'écoutait ? Elle ne sait ce qu'elle va obtenir. Elle ne sait où cela va l'emmener. Elle qui ne s'est jamais réellement choisie, elle décide d'essayer. Elle écoute son cœur jusqu'au bout. Même si tout l'extérieur lui montre que ce serait peut-être bien de ralentir, elle ne sait pourquoi mais elle a cette impression qu'il est important qu'elle fonce. Elle regarde au-delà des apparences. Sa perception de la situation est juste. Cette intuition personne ne peut la lui enlever.

Son calme la surprend.

Elle y va sans se poser de questions.

95. La souplesse

Ce qu'il dit il le fait et ce qu'il fait, il le dit. Il maîtrise sa créativité. Il génère à l'intérieur de lui des idées, des envies et il trouve un chemin pour les exprimer. Puis il poursuit ses rêves un pas après l'autre. Et les concrétise.

Aujourd'hui il fait le point sur ses plans, ce qu'il fait et ce que la vie lui place sur son chemin. Rester flexible afin de s'adapter. Ne pas se buter. Trouver des solutions qui sortent du cadre. S'adapter ce n'est pas revenir en arrière. Chaque étape de la construction est alimentée par l'autre : les plans, la faisabilité (intuition, compromis, solution), la vie.

Et c'est reparti avec une nouvelle feuille de route !

96. Plus rien ne sera comme avant.

Je comprends ce qu'il se passe pour moi. J'ai été longtemps intriguée et j'avais besoin de cette compréhension.

Pourquoi le fait d'avoir un positionnement différent des personnes de mon entourage les met hors d'elles ?

Pourquoi ces personnes s'énervent-elles parce que je ne fonctionne plus comme avant ?

Pourquoi se sentent-elles frustrées par mon éloignement ?

J'ai souvent fait beaucoup… trop… dans mes relations de manière générale. Je n'avais plus de batterie, j'avais besoin de me poser, de penser à ma personne, de m'isoler un peu. J'ai alors regardé ce que je pouvais faire et mettre en place pour que ma situation évolue. Et pendant ce laps de temps, je me suis éloignée de quelques personnes et ces personnes me renvoient leur frustration.

Elles venaient, relâchaient leurs émotions et moi, ok, je prends. Je ne dis rien. Elles ont besoin de moi ? Ok, je suis là. Certaines se sont même permis tout et n'importe quoi ! J'ai souvent « payé » pour des situations dont je n'étais en rien responsable. Et cela m'a poussée à bout. Alors j'ai décidé de me concentrer sur moi car cette situation n'était pas juste. Je ne suis pas la personne qui doit tout encaisser. Je fournis des efforts alors que l'autre en fasse aussi !!

J'ai pris le temps de regarder qui était là pour prendre ce que j'ai et qui était là dans les bons comme les mauvais moments. Et j'ai vu !!!!

Je me suis éloignée à pas de velours. Je ne suis pas le genre de personne à faire des scandales ou à m'emporter. Je ne te donne plus l'heure parce qu'à chaque fois, tu volais ma montre !

Certaines personnes ne m'apportaient que des nuages ou me ralentissaient ou me prenaient pour acquise.

Mais là d'un revers de main, j'ai modifié ma façon d'être. Et ces personnes ne me reconnaissent plus. Cette sécurité, cette aide qu'elles pouvaient avoir en tout temps, elles ne l'ont plus.

Pour moi, les conséquences sont positives. Pour les personnes qui m'entourent ce n'est pas du tout la même chose ! Elles s'aperçoivent que c'était une chance de m'avoir dans leur vie.

Les réactions de l'autre sont surprenantes !!! quelle belle révélation ! Quelle belle mise en lumière !

La vie de ses personnes reste la même, à rencontrer toujours le même genre de situation alors que je leur ai tourné le dos ! Ah ?! Ce n'est donc pas moi qui portais malheur ? Ce n'est donc pas moi qui fais qu'elles ne sont pas bien dans leur vie ? Tiens… tiens… J'me marre 😊

La personne serviable et généreuse, c'est moi et cela a toujours été moi. Mais on a voulu me faire passer pour une personne égoïste parce que j'ai décidé de ne plus « faire ». L'être humain va-t-il continuer longtemps à ne retenir que le sombre ?

Je me stabilise. Mes vibrations sont différentes.
Je continue à placer des stops.
Cette nouvelle attitude ne se fait pas dans la joie.
Je réalise que certaines situations m'attristent.
Mais quand je m'éloigne de certaines personnes,
je m'épanouis. Quand je m'éloigne de certaines
situations, je trouve ma voie.

Quand je fais, je fais de bon cœur. Mais quand
l'autre me renvoie une image de moi mauvaise,
ignorante ou sans valeur, ce n'est pas de l'amour.
Que la vérité soit !

97. Parler avec le cœur

Parfois j'ai l'impression que tout ce que je dis, tout ce que je fais passe inaperçue. Et je ne sais plus comment faire pour être entendue, écoutée et comprise. La panne sèche. Au bout du rouleau. Epuisée. Tout ce dont j'ai besoin c'est d'un p'tit coup d'pouce. Alors, j'échange cœur à cœur avec la Vie. Je lui explique ce qu'il se passe à l'intérieur de moi avec des mots sincères, justes et percutants. Je laisse tout simplement parler mes émotions, mes sentiments. Je suis entendue, écoutée et comprise.

Je cherche parfois à faire trop compliquée, à me prendre trop la tête. Dès que tout est limpide, les résultats attendus arrivent.

J'ai trouvé la bonne fréquence, celle du cœur.

98. Savourer

Elle voit les choses changer pour plus de stabilité. Ça la libère de la peur de perdre et d'être posée. Elle cesse de se faire du souci. Sa situation prend une tournure plus agréable. Les choses s'arrangent. Tout se qu'elle a mis en place en vaut la joie. Elle réalise qu'elle a bien fait de faire des pas en avant, de ne plus s'abandonner ou d'opérer un demi-tour. Elle a donné beaucoup d'elle, de son énergie dans certaines situations. Et là elle récolte et ça lui fait du bien. Elle sort du conflit mental de cette petite voix qui lui dit « je ne vais pas y arriver, je m'illusionne… ». Rester dans l'espoir et croire davantage en elle, à quel point elle a des capacités, des possibilités. A quel point, elle sait.

Elle s'est trop souvent inquiétée pour rien. Ce manque de confiance en elle, en la vie qu'elle peut ressentir, fait qu'elle se met dans des états pas possibles !

Observer et voir à quelle rapidité les choses peuvent changer. Regarder plus souvent au-delà des apparences ! Le changement était déjà là ! Elle a eu de la difficulté à voir que sa vie changeait, que les choses s'amélioraient.

C'est son mental, ses peurs, cet esprit de difficulté qui la met dans ses situations. Elle va plus vite dans sa tête de ce qu'il se passe dans la réalité.

Elle a tant bataillé qu'elle était fatiguée. Une bataille avec elle-même qui faisait qu'elle avait l'impression qu'elle n'irait plus nulle part. Le doute s'est parfois installé si fort qu'elle a pensé à faire marche arrière. Car elle pensait que jamais elle ne réussirait. Et pour finir quand les choses se mettent en place, elle réalise qu'il y a encore des possibilités de s'épanouir.

Elle laisse tout un pan de sa vie derrière elle. Elle part dans une autre direction. Ca va changer sa vie. Elle aimait bien son petit quotidien mais là, tout s'accélère. Elle se maîtrise, elle gère ce qu'il se passe à l'intérieur qui lui laisse croire et entendre qu'il n'y aura pas d'évolution et qu'il est préférable de tout arrêter.

Elle accepte d'avancer moins vite. Ca lui permet de laisser tout stress et toute angoisse de côté. De revenir dans l'instant présent. Mais aussi de prendre conscience de tous les changements qui se mettent en place afin de les savourer, de se féliciter avant de se lancer vers autre chose. Ne plus brûler cette étape. Sinon, elle aura toujours l'impression que c'est une boucle interminable, une insatisfaction quasi permanente et que jamais elle ne se pose. Toujours à chercher un p'tit truc à gratter, un p'tit truc à découvrir.

99. Le dernier pas l'un vers l'autre…
… ou quand l'un se présente à l'autre avec toute sa richesse et veut la partager.

Elle se retrouve dans une phase de sa vie où tout lui paraît croyable, comme un rêve qui se réalise. Tout à coup, tout se répand, tout est accessible. La richesse de la vie s'installe dans sa sphère d'expérimentation.

Il est dans le don de soi et vient vers elle le cœur ouvert.

La réciprocité est juste et vraie.
Tout se manifeste dans la simplicité, l'harmonie et l'osmose.

Nous ne nous forçons pas, nous ne cherchons pas à nous à plaire : c'est naturel. Nous échangeons, donnons et partageons nos vibrations dans la plus grande des bienveillances. C'est beau, c'est doux, c'est chaud et enveloppant. L'équilibre revient dans le partage et dans le don de soi : nous répandons ce que nous sommes, qui nous sommes.
Nous avions besoin de nous transformer. Nous avons dépassé les blessures du cœur qui nous retenaient, nous emprisonnaient. Nous avons dû nous mettre en retrait. Nous nous sommes accordés un moment afin de regarder, percevoir et enfin voir notre situation de manière différente. Nous nous sommes élevés pour

penser, pour agir d'autre façon afin de nous détacher de ce qui nous retenait dans la souffrance. Nous avons fermé des portes sur le passé. Le deuil est posé. Nous avons coupé les mauvaises racines afin de s'enraciner ailleurs et d'une autre manière.

Cette évolution c'est nous qui l'avons provoquée. Nous rendons grâce à nos expériences. Nous rendons grâce à tout ce que nous avons dépassé, cultivé, enrichi, appris, compris, su. Tout reprend un ordre. Mais un ordre nouveau avec nos connaissances. Sur le passé, sur le vécu, nous gardons simplement ce qui nous est nécessaire, utile et vrai.

L'équité revient dans nos vies : tout ce que nous avons perdu, tout ce qui nous a été volé de ce que nous avions de plus beau en nous, qui avait de l'importance pour nous, tout ce dont nous avons été privés, coupés, éloignés, écartés nous est rendu.

Nous savons aujourd'hui nous protéger. Nous savons aujourd'hui ce qui est bon pour nous, ce que nous voulons et ce que nous acceptons. Nous protégeons ce qui nous ressemble, ce qui est à nous, ce que nous vibrons et ce en quoi nous croyons. Nous ne laissons plus entrer n'importe qui, n'importe quoi dans nos existences.

Nous sommes prêts à nous lancer. Nous avons évolué, grandi, transmuté. Nous nous sommes apaisés, délestés de tout ce qu'il y avait de nuisible, de néfaste, d'obsolète. Et nous l'avons fait par effet miroir.

Nous avons retrouvé foi en la vie et surtout en l'amour. Nous avons su nous révéler dans les valeurs qui sont nôtres. Nous savons ce que nous valons et nous le mettons en avant. Nous avons confiance.

Il nous a fallu du temps car nous étions fatigués après tous ces dépassements de soi. Nous avions besoin de récupérer. Ce temps nous a permis de scruter tous les champs des possibles afin de savoir là où nous voulions aller. L'endroit idéal, propice, avec un potentiel de réunion l'un avec l'autre et de réalisation.

Nous nous engageons l'un l'autre avec sagesse, justesse, respect et lucidité car nous avons la connaissance aujourd'hui.

Chance et réussite sont sur notre chemin.

100. Tout ce qu'il reste à écrire...